河北省高校人文社科重点研究基地——
河北大学共同富裕研究中心（冀教科［2022］5号）

与书为伴

YU SHU WEIBAN

与书为伴

来自家庭的儿童阅读札记

卢春艳 著

刘语畅 图

河北大学出版社

·保定·

出 版 人：刘相美
选题策划：马 敏
责任编辑：马 敏
装帧设计：赵 谦
田天昊
责任校对：姚萌萌
责任印制：常 凯

图书在版编目（CIP）数据

与书为伴 ：来自家庭的儿童阅读札记 / 卢春艳著
. -- 保定 ：河北大学出版社，2024.6
ISBN 978-7-5666-2375-1

Ⅰ．①与… Ⅱ．①卢… Ⅲ．①儿童－阅读辅导－研究
Ⅳ．① G252.17

中国国家版本馆 CIP 数据核字 (2024) 第 107184 号

出版发行：河北大学出版社
地址：河北省保定市七一东路2666号 邮编：071000
电话：0312-5073003 0312-5073029
网址：www.hbdxcbs.com
邮箱：hbdxcbs818@163.com
印 刷：保定市正大印刷有限公司
幅面尺寸：185 mm × 240 mm
字 数：100千字
印 张：11.75
版 次：2024年6月第1版
印 次：2024年6月第1次印刷
书 号：ISBN 978-7-5666-2375-1
定 价：49.00 元

写在前面的话

自2014年以来，“全民阅读”已连续十年写入国务院政府工作报告。儿童阅读作为全民阅读的重要组成部分，是整个国家阅读的起点。培育书香社会、推动全民阅读，首先应从培养儿童阅读习惯发力。随着儿童早期阅读越来越受到重视，无论是从事一线教学的教育工作者，还是养育孩子的家长都深刻地认识到阅读对孩子心智成长的重要意义，将孩子培养成终身阅读者也是全民阅读的题中之意。这本书正是在这个浪潮下应运而生。

全书分为六个部分，对应小学六个年级的儿童阅读，每个部分分为三个板块：第一个板块是写给孩子的一封信，家庭教育的焦虑和困惑、成长路上的烦恼和挫折、身为人母的期许和寄望在信中都有呈现；第二个板块是五套和孩子一起阅读的书籍,以阅读的过程、读书的感受和感性的书评为主；第三个板块是儿童阅读过程中遇到的阶段性问题及解决方案，比如一年级家长和孩子怎么从亲子阅读过渡到独立阅读？二年级孩子痴迷漫画书，家长应如何引导？三年级家长是多让孩子听书还是多让孩子读书？四年级爱读就会写吗？五年级名著到底应该怎么读？六年级数智时代儿童阅读何去何从？

这是一本来自亲身实践的书，带着一份亲力亲为的虔诚。书中记录的每一本（套）书都曾经介入或影响过我们的生活。从某种意义上说，正是阅读实现了书籍和生活的互文与共鸣。

在读书、选书、写书的过程中，读是大量广泛的阅读，选是遵循原则的遴选，写是超越功利的书写。其中选书是至关重要的一个环节，它关系到儿童阅读的偏好与兴趣，也涉及家庭教育的倾向和视野，也是很多家长纠结困惑的难点和痛点。本书记录的书籍在遴选过程中遵循以下三个原则。

1. 人文素养与科学素养并重

儿童成长需要广阔的空间，儿童阅读需要开阔的视野，广泛的阅读才能呈现广大的世界。在为小孩子选书时我们坚持通识教育的理念，既有文学名著、历史文化等人文素养类书籍，也有科普读物、生活常识等科学素养类书籍。小学阶段的儿童阅读最重要的就是广泛，因为此时的孩子还属于心智发展的初期，只有接触和了解更多的领域才能激发孩子方方面面的潜能。本书记录的书籍像“可怕的科学”“半小时漫画”“十四岁懂社会”等都是系列丛书，里面涉及的内容十分庞杂，如果孩子只是对其中的某一些书甚至仅仅是某一本书感兴趣也没有关系，在广泛阅读的基础上不断探索，在结合自身的基础上建构人生，这本身就是我们推广儿童阅读的意义。

2. 个体性与普遍性相结合

每个儿童都是一个独立的个体，儿童的成长也呈现出千人千面的景象。阅读是非常个人化的选择，一个来自普通家庭的阅读札记折射出的是教育背景、个体认知以及兴趣爱好等私人化倾向。但是个性也寓于共性之中，为了能在更广泛的意义上推广儿童阅读，我们在记录每一本书时也大量征求了同龄孩子的意见。本书中所记录和书写的书籍，不仅仅是一份来自个体家庭的独特书单，更是按图索骥的线索和顺藤摸瓜的牵引。因为每本书后面都是一系列或者一大套书，比如《马提与祖父》背后是整整二十本的新蕾国际大奖小说，“梅伦蒂四姐弟丛书”后面是套装三十册的“不老泉文库”，如果我们列出的某一本书孩子不感兴趣，这些丛书和文库中的书总会有一本打动孩子，总会有一本成为他“自己的书”。

3．经典性与时代性相呼应

如果只能给孩子们选一本书的话，那么首选肯定是经典著作。像《森林报》《绿野仙踪》《柳林风声》《骑鹅旅行记》等经典的儿童文学名著，经过时间的洗礼带着耀眼的光芒，滋养着一代又一代的孩子们，我们在选书时当然不会错过。但是一代人有一代人的使命，每个人都是社会发展的见证者和参与者，儿童也不例外，因此在选择和记录书籍时，我们把一些畅销书也纳入其中，如“猫武士”“如果历史是一群喵”等系列书籍；也会关注新兴学科的发展，比如脑科学方面的科普著作《我的大脑好厉害》；也会关注儿童的阶段性需求，比如那些研究学习方法的书。也许某一天某些书会被时间淘汰，或者长大成人后的孩子们回首遥望时自己都觉得那些书幼稚和肤浅，但是儿童阅读本身就是一个不断探索、不断进步的过程，忠实地记录既是成长的印记，也是时代发展的见证。

十年探索，一本小书呈现来自个体家庭的儿童阅读方案。十年坚持，儿童阅读推广之路任重道远。这是一本与时代同频共振的儿童阅读推广书籍，它带着个体家庭的温度和印记，也带着时代浪潮的气息和烙印，也是十年全民阅读在个体家庭中的有力回响。感谢你打开这本书，希望这些文字能对成长路上的孩子和时代洪流中的家庭有所启发。

目 录

一年级

二年级

三年级

四年级

五年级

六年级

一年级

写给即将上学的你

畅畅：

你好！最近你们幼儿园的活动非常繁忙，参观小学、彩排毕业典礼、拍毕业合照，你这么一个小小人，整天处于一种忙碌和兴奋的状态。面对人生的第一个毕业季（幼儿园毕业），你们这些小孩子就像一群无忧无虑的小鹿儿一样，斗志昂扬地朝着未来的日子奔跑而去。

妈妈在为你们的成长热烈鼓掌的同时，也感受到了一些潜在的压力和隐隐的焦虑。因为我知道从幼儿园到小学，对于一个孩子的成长来说是一个重大的跨越。幼儿园主要是以心智启蒙为主，进入小学后则要开始系统化、正规化的学习，而这种学习要持续十几年甚至更长的时间。教育之路既任重道远又具体而微，面对即将踏上求学之路的你，作为家长的我深感责任重大。

虽然妈妈平时并不是那么严肃，但是今天我还是想和你郑重地谈一谈学习这件事。我这里谈论的学习，不仅仅是指你将来上小学、初中、高中、大学等通过学校教育获得知识的过程，还包括你依据自己的兴趣和爱好，积极主动地获取知识和技能的历程。

孩子，你可能并不知道，你们生活的这个时代，学习这件事已经发生了很大的变化。在妈妈小的时候，因为物质条件所限，教育资源非常匮乏，学习方式也很单一，除了参加学校的常规学习之外，基本上没有太多获取知识的途径。妈妈非常清楚地记得，小时候家里除了上学用的课本之外仅有的课外书籍就是几本黑白小人书，因为反反复复地翻看，都已经破烂得不成样子。而你从小接触的教育环境要优越和丰富得多，从你2岁起我们就在绘本馆、图书馆办了借阅卡，借书、看书、还书，这是我们这几年最常做的事情。借助书籍的牵引，我们还一起走进美术馆、博物馆、展览馆等接受艺术的浸染和熏陶。另外，电视、电脑、手机等多媒体也为我们提供了很多有趣又有益的学习资源，我们可以和千里之外的外教老师连线，预约一场英文试听课；我们花很少的钱就能在线听名师讲授十节数学思维训练课；我们在放学的路上就可以用手机APP听英语磨耳朵。毫不夸张地说，在这个知识爆炸的时代，学习方式越来越多元化，只要你想学，就

可以找到好的教育资源。

那么面对浩如烟海的学习材料，我们该学什么以及怎么学就成了一个重要的问题，而解决这个问题的根本途径就是培养兴趣，只要有兴趣，你就会有源源不断的学习动力，也会探索出行之有效的学习方法。妈妈希望你在成长的过程中能够不断找到自己的兴趣点。当然，你现在还小，兴趣点会游移不定。看着别人写书，你想当作家；喜欢画画就想着将来当画家办画展；你还想当芭蕾舞演员、幼儿园老师、蛋糕面点师；等等。虽然很多时候你对某件事情只有三分钟的热度，但是没有关系，未来的日子还很长，我们可以慢慢探索慢慢寻找。这个世界是那么的新鲜和有趣，妈妈希望你能一直持有好奇心和求知欲，永远保持一种学习和探索的状态。

孩子，在你刚刚出生时，我曾经偷偷地许下愿望——我的宝贝儿才不做什么艰苦卓绝的成功人士呢，我们就当一个健康、幸福、快乐的普通人。但是随着你年龄一点点地增长，你带给了我们很多的惊喜：你会心无旁骛地沉浸在一本喜欢的书里，你会花整整一中午的时间用火柴棍搭建一座房子，你会心灵手巧地用彩泥捏一个又一个的小动物。你的认真和执着让我对你未来的人生心生期许，因此妈妈想把学习和兴趣这件事情谈得更远一些，希望你在发展自己兴趣的同时，能够幸运地找到人生的目标，能够把兴趣上升为志趣。当一个人对自己的事业充满虔诚的敬畏和持续的热情时，就会找到人生的方向，也会感到切切实实的幸福和快乐，而这种孜孜以求的态度是挣脱人生虚无的最好方式。

宝贝儿，愿你在学习中找到人生的乐趣。

妈妈

2019年5月20日

一、好童书光芒万丈

——“蹦蹦跳跳的故事”系列丛书

什么是好的童年书写？什么样的童书是好的童书？阅读童书的孩子们最有发言权。当孩子们一边阅读一边咯咯地笑出声时，你会听到好童书正在轻轻敲门。当小孩子一门心思沉浸在一本书中忘记了周遭的世界时，你会看到好童书的影子正在悄悄走近。当生活中的某个瞬间，孩子突然脱口而出书中的某句话或者某个形象时，你就可以确认，这样的书真的是好童书，因为它像印章一样已经刻入了孩子们的生命里。

五年前，我们买过一套丛书“蹦蹦跳跳的故事”，这套书一共十本，作者［德］玛笛亚斯·约特克，曾齐翻译，贵州人民出版社出版。五年来，这套书我们不知道翻看过多少遍，孩子小的时候我们亲子阅读，搂着稚嫩的小儿，一本一本地念给她听，有的故事反反复复念过不下几十遍。换牙时期，小孩子会禁不住想起书中蹦蹦因为掉牙说话漏风的情节。孩子大一些能够自主阅读了，她还会时不时翻出这套书看一看。这样一套深得小朋友欢心的童书，深究起来发现它确实具备好童书的诸多特质。

好童书首先得讲述有趣的好故事。来自儿童的视角，反映儿童的生活，这样的故事孩子们才愿意沉浸其中乐此不疲地读下去。这套书中的故事都是以吃东西、玩儿游戏、过生日等孩子们的日常生活为主题，在故事中找到自己，在故事中共鸣生活，这样亲近孩子、亲近童年的书才能赢得孩子们的欢心。

这套书中的故事在叙事模式上遵循经典的三幕式原则，简洁但不简单。比如《世界上究竟有没有胡萝卜味的苍蝇》，故事首先定了一个基调“兔子蹦蹦和青蛙跳跳是最最要好的朋友”然后引入三幕式的结构：第一幕，主人公有了一个小小的欲望，故事中的表现就是蹦蹦和跳跳想彼此分享自己喜爱吃的食物。第二幕出现戏剧性的冲突，跳跳吃了胡萝卜肚子疼，蹦蹦也吃不了苍蝇，主人公的愿望落空。第三幕冲突解决，虽然两个好朋友都很伤心，但是他们最后达成了谅解和共识。这样三幕式的经典结构基本上贯穿整套书中，只不过会时不时地引入一些新的人物，比如熊婆婆、小鼹鼠、白鹳等让故事的戏剧冲突更加的具体和灵活。

好故事不仅要有好的框架还要细节丰满，很多时候正是那些有趣的细节让孩子们念念不忘。比如《蹦蹦，你的牙怎么嵌在胡萝卜里了？》，本来是兔子蹦蹦因为牙齿断裂去看牙医，但是牙医也检查了青蛙跳跳的牙，结果发现青蛙竟然没有牙，而青蛙戴着假牙套逮苍蝇的细节不仅让故事中的人物笑得眼泪都流出来了，也让看故事的小朋友们哈哈大笑。这样的细节在这套书中有很多，比如金仓鼠柯柯竟然给家人造过十三辆跑步车，比如白鹳夫妇竟然随身携带着一个充气鸟窝，比如海狸尾巴医生竟然说话不利索，等等。孩子们很容易从这些细节中发现生活的乐趣。

好童书除了有趣之外，还要有意义，这就涉及书籍的主旨问题。童书是成年人写给孩子们的书籍，它不能仅仅是生活的简单记录，更应该具有启迪智慧、滋润心灵的力量。这套书中的每一本都有一个主题，“真正的友谊不在于形式”“懂得接受朋友的劝告”“每个人都有弱点，这并不可笑！”“朋友要敞开心扉”等。这些潜藏的主题是阅尽沧桑的成年人给予孩子的忠告和建议。把道理和意义隐藏在故事之中，让孩子们自己去发现、自己去体会，这就是好童书的高明之处。例如，《跳跳也有生日啦！》中青蛙跳跳因为不知道自己的生日是哪一天而黯然神伤，但是通过给看不见东西的小鼹鼠描绘大自然的景色，他得到了新生，他明白了要“珍惜无处不在的美”。书中的跳跳明白了，看书的小朋友也明白了。相信这些意味深远的好故事会打动和鼓舞孩子们，有童书的滋润和陪伴，他们会更加勇敢地前行。

这套书还有一个很大的亮点就是生动、鲜活的插画，相信很多孩子在回忆这套书时首先想到的就是那些栩栩如生的形象：长耳朵大板牙的兔子、小个子的绿青蛙、胖胖的熊婆婆、戴着眼镜的小鼹鼠等。图画和文字之间琴瑟和鸣、完美搭配。孩子小时，大人读字小孩儿看图，在声音和图画的完美配合中完成亲子阅读，这是一种温暖而唯美的享受。孩子大一点再看这套书时，会挖掘出更大的价值，比如可以对书中生动的形象和有趣的生活场景进行临摹绘画。这就是好童书的价值，细节之处会演绎出附加功能。

再一次翻看这套“蹦蹦跳跳的故事”，那些因为反复阅读而留下的折痕和印迹，似乎都在诉说着好童书真的是光芒万丈，就像粲然在《抛向远方的锚》中所说：“有些绘本，将如重锚一般，沉入孩子的意识深处，成为他们的‘命定之书’。”

二、风从笑声来

——“猫的风工厂”系列丛书

风从哪里来？风是工厂的猫咪们利用笑声碎片和自然界里的树叶、花瓣、雨滴等生产出来的。笑声碎片是什么？它是人们笑的时候，从嘴角掉落的透明东西，只有猫才能看得见。一座生机勃勃的风工厂里，一群互助友爱的猫咪们勤勤恳恳地生产着吹拂小镇的风。“猫的风工厂”系列丛书，［日］水野良惠著，［日］伊津野果地绘，周龙梅、魏雯翻译，长江少年儿童出版社 2019 年出版。

家中的小朋友最近特别痴迷猫，在纸上没完没了地画猫，用彩泥不厌其烦地捏猫，缠着我做布衣猫手工，她自己还用彩泥建了一个想象中的猫基地。这个小孩儿目前最大的愿望就是养一只猫，可是疫情之下，我们没有答应她的要求。不过，生活中不能实现的愿望我们可以在书中得到补偿，一套关于猫的童书满足了她精神上的渴求。

当我叮叮当当在厨房做饭时，小朋友急急慌慌地跑过来。“妈妈，你知道吗？当一只猫‘嗖’的一下从我们身边经过时，它是在捡拾笑声碎片。”看着她那兴奋的眼神以及急于分享的表情，我瞬间明白这个小朋友喜欢这套丛书。

仔细研读，发现这套“猫的风工厂”确实有打动人心的地方。

首先就是它对于风的描述。我们对于风的理解一般来自感觉和常识。“昨天的风好大呀，得有四五级。”“今天的风真舒服啊！”童书中描写的风则更具体和鲜活：

> 呼呼、草绿色、花香、春天吹的第一场风。
>
> 柠檬汽水的香味，让人想去南海的风，约30摄氏度。
>
> 浅蓝色的风，风尾长度为浴衣带的长度，风铃的声音。

在作者的笔下风有颜色、有声音、有气味、有长度，这种细腻的描述，会调动读者的全部感官，让人有一种想站在户外感受风的冲动。

当然，世界上从来没有一模一样的风，那些有破坏力的或者令人感觉不舒服的风，作者又是怎么描写的呢？

> 一种小偷草的果实，如果被误当作造风的原料，就会产生“小偷风”……“小偷风”会把院子里树上的果实都拽下来，把自行车车筐里的东西偷去。
>
> 绿色小镇上林家养的鹦鹉的羽毛夹在了搅拌槽的边角里。结果“多嘴多舌”风一个接着一个被生产出来了，没完没了地在镇上说着闲话……

这里凸显了作者讲故事的能力，寥寥几句话不仅写了风，还写了风中的故事。

春日的午后，我和小朋友一起在河堤上漫步，这个小孩儿突然说：“妈妈，现在就是书中所说的‘回忆之风’。”回家后，我仔细翻了翻书，原来风工厂的猫咪们为春天入学季的孩子们生产了一种“与妈妈拉着手走的时候吹的‘回忆之风’，它轻盈、温暖，有令人难忘的味道”。当书中的描写与现实的生活共鸣时，你心中柔软的部分就会被悄悄击中，童书的作者都是知心人。

其次是作者对笑声碎片的设计，这简直是天才的想法。笑声转瞬即逝，不能固定，不能存留，但是作者把笑声实体化了，设计成了“笑声碎片”，它有形状、有味道，它是可以被猫咪们捡拾的透明东西，它是可以碾成粉末的造风的主要原料。这种逼真的描述都能让童真的孩子们相信这世界上真的有笑声碎片这个东西。当我和小朋友戴着口罩出门时，她竟然心心念念地说：“现在猫咪们可不好收集笑声碎片了，笑声碎片都掉落在口罩里了。”

就像诗有诗眼一样，笑声碎片是这套书中的故事眼。整套书九个故事基本上都与笑声碎片有关：灰猫“布拉利”因为误吃了淘气孩子的笑声碎片而发生了一系列恶作剧事件；开朗活泼的虎斑猫“小夏”会教懒散的黑猫“奴鲁鲁”如何搜集更多的笑声碎片；白猫“雪”会用笑声碎片制作治疗感冒的良药喉糖；等等。相信读过这套书的人都会对“笑声碎片”这个意象念念不忘，当我们哈哈大笑时，会在这个世界上留下一些碎片，而当这些碎片被猫捡拾时，又会成为造风的材料，想想风中会留有我们的笑声，这是多么令人兴奋的事情。

“猫的风工厂”这套书还有一个显著的特点，就是现实与想象的完美融合。书中对工厂的叙述非常的真实，这里有造风的机器和厂房，科研楼里有标本室和研究室，甚至每年工厂还要对机器进行大扫除和维修。种种细节都表明，如果这里的工人不是猫，那么这就是一个地地道道的工厂。但是作者把书中的角色都换成了动物，猫成了工人，乌鸦成了间谍，再加上他们生产的是自然界的风，这种亦真亦幻的感觉让故事有了来源于生活又高于生活的艺术魅力。

成长是儿童文学的主题。这套书中的每个故事都是一个关于成长的故事。爱睡懒觉的小黑猫“奴鲁鲁”因为失误酿成大错后而逐渐变得勤恳，大狗“哈克”战胜了各种困难通过了搅拌师资格证考试，精益求精的白猫“雪”经过反反复复地实验才掌握了控制温度的方法，等等。当小孩子读这套书时，会潜移默化地被一种向上的力量感染，而当大人用书中的故事来激励小朋友时，他们也会欣然地接受。就比如今天早晨，当我煞有介事地嚷嚷：“哎，那个爱睡懒觉的小黑猫奴鲁鲁赶紧起床了。”小朋友笑嘻嘻地一骨碌就从床上爬起来。

风从笑声来，为了那些诱人的风我们是不是应该多一些笑呢。童书的魅力就在于，当你历尽千帆之后仍然会在心底保留一份对美好生活的幻想。

三、你会写明天的日记吗?

——“晴天有时下猪”系列丛书

日记不都是记录当天经历的事情吗?明天的事还没有发生,怎么写明天的日记呢?小朋友们,你可不要奇怪,有一位小男孩儿他就善于写“明天的日记”,而且这个日记很魔幻,今天写下了,明天日记里的事就会真的发生哟!“晴天有时下猪”系列丛书,[日]失玉四郎著,彭懿译,21 世纪出版社出版。

三年级三班的男生——则安,每天都记日记,老师还夸奖了他。可是有一天,妈妈偷看了他的日记,他很恼火。为了让妈妈认输,他决定写“明天的日记”,他的日记里写下的都是一些不可能发生的荒唐事:厕所里有条大蟒蛇呀,油炸铅笔呀,金鱼在屋子里飞呀,可是这些事却真的发生了,则安同学一度怀疑这些事都是爸爸妈妈表演出来的,最后他放出了一个狠招——“晴天,有时下猪”。当几千头猪布满天空的事情真真切切地发生时,则安傻眼了,他会怎么收拾局面呢?

这是一个真正从儿童视角出发，具有儿童立场的荒诞故事。作者以第一人称的方式进行讲述，质朴的语言中渗透着孩子们的小心思和鬼主意。“要是有办法，我真想把妈妈的脑子擦得一干二净。”“既然这样，我让你们看看男人的厉害吧！”“随便看我的日记，绝对不能原谅。”“女人的脸皮真厚！”这些语言处处体现着成长中的孩子与成人世界的矛盾和冲突，这些不满和质疑正是他们走向“独立个体”时必不可少的经历。故事中那些离奇怪诞的想象，也很符合小孩子的心理。哪个孩子不会有盯着一个东西愣愣发呆的时候，哪个孩子的小脑袋瓜里不是一个天马行空的世界呢！

这个故事采用层层推进的方式掌控叙事节奏。日记被偷看引发后面事件的发生，“明天的日记”荒诞程度也逐渐升级，从最初只是则安自己看到“厕所里的大蛇蟒”，到“爸爸吃了油炸铅笔脸色发青”，再到全家都发现“金鱼在屋里飞”，到最后整个城市“天上下猪”，故事的荒诞程度达到了高潮，主人公才开始害怕，觉得闯了祸，最后他用橡皮擦掉日记的方法结束了这场闹剧。当读者正要从这个荒诞的故事中分离出来时，没想到作者是写故事的高手，在文本最后又安排了因为橡皮擦日记擦得不够干净，出现了“土豆长毛”事件。酣畅的故事完美落幕，起承转合间读者会有一种紧张又愉悦的阅读感受。

这套书在文字排版上非常舒朗，没有大段大段文字连排的情况，基本上就是一句话一段，孩子们阅读起来会非常舒服，中间又穿插了一些黑白和彩色交替的图画，减少了阅读的枯燥感。文本有一定难度，但是难度不大，有一定数量的图画，图画又不太多，可以作为图画书到纯文字书过渡的桥梁书来进行阅读。当孩子们花费一个小时读完一本书，不仅仅会被书中的故事吸引，还会有满满的成就感，尤其是当你告诉她这本书有两万多字时，她会更兴奋，两万这个数字对于一个一年级的小朋友确实是一个大数字。

这本书特别适合小学低年级的孩子们，尤其是那些刚学着写日记的小朋友，书中的文字书写松松垮垮、疏密不一，那不就是我们身边小朋友的字嘛！书中勾画涂抹的插画歪歪扭扭、参差不齐，那不就是孩子们的随手涂鸦嘛！这种生活的真实会让孩子们感觉无比亲切，而最重要的是书中写“明天的日记”的方法可能会启发孩子们的小脑袋瓜儿，没准儿哪个孩子循着书中的方法进行演练，那未来文学界的荒诞大师岂不就诞生了！

四、鬼故事也可以这样有趣

——“吸墨鬼”系列丛书

墨水瓶一样的墓地、羽毛笔一样的棺材、钢笔尖一样的牙齿，这是诡异悬疑的鬼故事。用吸管吸书中的墨汁、被吸进故事里、遭遇图书过敏症，这是一部与读书有关的有趣丛书。“吸墨鬼”系列丛书，［法］埃里克·桑瓦萨 / 文，［法］马丁·马特杰 / 图，郑迪蔚 / 译，21 世纪出版社出版。

当一本书用“我”这个第一人称进行叙述时，就会有一种强烈的真实感和代入感。我和小朋友读完这套丛书的第一本《吸墨鬼来了》、第二本《创意双人吸管》时，完全被主人公奇特的经历吸引，小朋友可以描述出那个老吸墨鬼的穿着和走路的形态，我们也记住了那根特别的双人吸管，但是当我疑惑地问小朋友，“书中的小男孩儿叫什么名字时”，她也是一脸茫然。显然，我们已经完全“沦陷”在了故事的情节之中，不由自主地跟随书中的“我”去经历和探险。

随着故事的不断演进，当我们读完整套书时，主人公的形象开

始鲜明：普通男孩儿“奥迪乐”不爱读书，甚至觉得撕纸的声音像音乐一样美妙。但是当他被老吸墨鬼“德古书”咬了一口后，他开始用吸管吸书，并且深深地爱上书本中字墨的滋味。当然奥迪乐不能单枪匹马地站在故事中，他还有一个志同道合的伙伴——女孩儿“卡米拉”，再加上那个老吸墨鬼，这三个人构成了故事的主要人物。整套书基本上就是在两个小吸墨鬼和一个老吸墨鬼之间展开的。

吸墨是读书的隐喻。故事的一个核心的细节就是吸墨鬼用吸管吸食书中的墨汁。书中多次描述吸墨时的感受，“瞧他脸上的表情，好像在喝一杯加了冰块的橙汁那么享受”“我吸进去的不再是墨汁，更像是经历一番探险”，其实这些就是读书的感受，不同的书会有不同的阅读体验。吸墨彻底改变了主人公的生活，他不仅享受到了读书的快乐，还用“写本自己的书”的方式改善了父子之间的关系，他还和卡米拉一起帮助古板的老吸墨鬼赢得了爱情。

正是因为热衷于吸墨（读书），所以书的选择非常重要，书的种类很多，这就为故事的演进提供了开阔的空间：因为太沉迷于故事，主人公被吸进了故事里，成了故事中的人物，只有改写故事才能从故事中跳脱出来；因为吸食了卑劣的书，卡米拉得了严重的图书过敏症；因为吸食了字典，奥迪乐开始满嘴打架、语言系统紊乱。这些都是读了不适合的书造成恶果的例子，作者一一把它们写进了故事里。这样的故事对孩子们来说可以当作夸张、有趣的事件来读，对于大人尤其是图书出版工作者来说无疑是警示和提醒。

精读这套书，我们还会发现除了故事情节吸引人之外，本书的语言也非常有力，凝练的短句加上贴切的比喻，平实的语言中透露着俏皮和幽默。

> 我快吓死了，双脚像粘在地板上一样动弹不得，喉咙也像被打了结，完全发不出声音，更别说大喊了。
>
> 但正当我投入的时候，忽然出现了错别字！那口味强烈得就像嘴里一下被塞进了很多辣椒，或者吃到了一大口芥末。
>
> 整个下午时间好像凝固了，好漫长，我们像罐头里的沙丁鱼挤在狭小的空间里，脚都抽筋了。
>
> 爸爸有点儿激动，手指晃动得像章鱼的触角。
>
> 奇迹的发生就像一道阳光照得我睁不开眼睛。

书中四处散落的比喻句就像原野上肆意开放的黄色蒲公英，在阳光下闪闪发光。

如果给你一根吸管让你吸书中的故事，你会先吸哪一本书呢？如果你不知道该从哪里开始，我可以给你一个建议，就从这套“吸墨鬼”丛书开始吧，滋味很特别也很好喝呦！

五、小学生专属的探案故事

——“大侦探福尔摩斯”系列丛书

经典著作是儿童阅读的启蒙器和敲门砖，对于侦探读物来说亦然。一提到侦探小说，就不能不说英国作家阿瑟·柯南·道尔的小说集《福尔摩斯探案全集》。作为侦探小说的“圣经”，一百多年来这部著作被译成五十七种文字，畅销世界各地。

小朋友的侦探小说启蒙来自改编版的“大侦探福尔摩斯”系列丛书，这部据说是专属小学生的福尔摩斯探案集在孩子们间很流行，上下学的路上经常看到有小朋友拿着这个课外书。

对于阅读能力尚处于初级阶段的孩子来说，阅读大部头的名著会遇到很多困难，比如文字量太大、人物太多、冗长的地名和人名（外国名著尤其突出）等。为了降低阅读的门槛，很多名著都出版了改编版。其实对于经典著作的改编，我是抱有很警惕的态度的，因为经典改编从来不易。如果改编就是直接在原著的基础上删删减减，把文字放大，再配上简单的插图，很容易弄成一个故事梗概，失去经典的韵味和魅力。如果改编的目的是迎合家长，打着大语文的名号，在故事开头写上一段似是而非的建议，后面结尾又替孩子们做一个总结，阅读就变成了任务，孩子们很容易失去阅读兴趣。

看到很多小朋友喜欢这套书，我也想从成人的角度看一下这套书到底改编得怎么样，基本的思路就是改编版和原著对比阅读。我选择了《追凶 20 年》和《四个神秘的签名》两本书作为参照点。

“大侦探福尔摩斯”系列的第一本是《追凶 20 年》，改编自原著《血字的研究》。这个故事我先看的儿童改编版，深刻地体会了一下作者的改编思路：把角色动物化，福尔摩斯变成了一只拟人化的狗、华生变成了猫、警探变成了大猩猩和狐狸；文字排版比较花哨活泼，关键词语或用词讲究的成语都用不同颜色的艺术字标识；全彩插图，色彩丰富，图文搭配，文字舒朗；文末附有科学小魔术、有趣小手工、漏洞大剖析等互动内容。

以上提到的种种改编基本上契合了小孩子的认知水平、审美趣味和猎奇心理。但是这些都只是形式上的东西。侦探小说的核心魅力在于扑朔迷离的案情和跌宕起伏的情节，这就涉及作者讲故事的能力问题，也直接关系到读者能不能读得进去。

我大概用了一个小时多一点的时间读完了改编版故事，整个故事的节奏比较紧凑，能够牵引着孩子们一口气读到底，情节的设计基本遵循了原著的叙述逻辑。那些花里胡哨的排版设计对小孩子来说比较新鲜，但对于一气呵成的阅读来说反而是一种干扰。文字难度不大，识字量在两千字左右的孩子读起来不会觉得困难。

看完了改编版，我又认真阅读了原著。原著和改编版的区别还是很明显的。最大的区别在于叙述视角的变化，原著采用的是华生为叙述主体的第一人称视角，改编版则是用第三人称来讲述故事。第一人称的叙述视角很有代入感，读者很容易跟随作者融入故事之中。第三人称叙述则比较灵活，能够从多角度书写故事。正是因为

叙述视角的不同，改编版删除了很多华生个人的回忆录以及细腻的心理描写，尤其是那些跟故事的核心情节距离比较远的部分。这样叙述的好处是能让故事的节奏紧凑，孩子们在阅读时不必被冗长的开头和复杂的历史背景绊住，能够直接触及故事核心。当然，改编后的故事跟原著相比情节衔接的流畅性以及语言的文学魅力方面都要差一些。

这个系列的第二本《四个神秘的签名》，改编自原著《四签名》。这次我先看的原著再看的改编版。原著一开篇，福尔摩斯先生为了寻求刺激正在注射可卡因，这样的描述显然不适合儿童，改编版直接删除了这些内容。同时，为了活跃气氛，改编版还增加了一些搞笑情节，如小兔子给华生他们发信号，因为找不到旗子而绑上了白色的内裤。原著中后半部分其实是故事套故事的叙述模式，用了六章的篇幅讲述了乔纳森·斯茂的奇异故事。改编版则只用五页内容作为故事的结局一带而过。

总体来说看完原著再看改编版感觉幼稚又乏味，这也许就是经典原著的魅力，尽管由于时代的局限、文化的特色、地域的差别等种种原因，经典名著可能会存在这样那样的不足，但是其核心的审美价值却是不变的，这也是它们能够吸引一代又一代读者不断阅读的原因。我曾经怂恿小朋友去看一下原著，但是得到的回答是“我都知道最后的结局了，再看就没意思了”。好吧，悬念是侦探小说的灵魂。就普通读者而言，不论是原著还是改编版，只要是在阅读中体味过疑虑重重、悬疑探秘最后又豁然开朗这样一个探案过程就足够了。

这套书作为经典珍藏版的图书那倒大可不必，但是作为儿童阅读的桥梁书，在丰富儿童阅读范围、培养儿童阅读耐力方面确实是一套不错的书。这套书每本大概一万五千到两万字，一共五十多本，全部读完就接近上百万字的阅读量，这对于小学低年级的孩子来说文字数量已经是很惊人了，况且其潜移默化中还有丰富语文积累、普及科学知识、锻炼逻辑能力的作用。

美国作家托马斯·福斯特在《如何读一本小说》中曾说：“阅读小说可以让我们遇到另外的自己，也许是我们从未见过或不允许自己成为的那类人；可以让我们身处一些我们不可能去到或未曾关注的地方，又不必担心回不了家。”小说是在安全的范围内带我们体验不一样的人生，侦探小说尤其如此。

“你是在看，而我是在观察”，我家的小朋友最喜欢大侦探的这句名言，而且一套书还引发了一个愿望，这个小朋友兴致勃勃地说想去英国贝克街 221 号 B 室看一下，因为那里是小说中大侦探福尔摩斯的住址，也是真实世界中的福尔摩斯纪念馆。

独立阅读从桥梁书开始

阅读如行走。幼儿时期的亲子阅读就像小孩子的蹒跚学步，需要大人扶着、拉着一步步往前走，而进入小学阶段，羽翼未丰的孩子们独自面对宽广崎岖的文字之路，难免会心生胆怯，他们会拉紧大人的手犹豫不决，他们会徘徊在以图为主的故事中踟蹰不前。如何让他们酣畅淋漓地在文字之路上奔跑，如何让他们感受独立阅读的乐趣，这需要一个过渡、一个媒介、一个助力，桥梁书正好发挥了这样的作用。

桥梁书是一种介于图画书和文字书之间的书。它的文字量一般在一万字以内，页数一般不超过一百页，文图比例约为 1:1 或者 1:2，文字浅显易懂，句型简短简单，故事兼具趣味性和文学性，孩子很容易一口气读完。在一定程度上，桥梁书能够帮助孩子实现从亲子共读向独立阅读的转型，也能有效地培养孩子对语言文字的理解和运用能力，主要适合幼儿园大班和小学低年级的孩子。

1. 为什么要读桥梁书？

阅读桥梁书能够培养孩子的阅读自信。随着年龄的增长，尤其是进入小学之后，孩子们的独立意识一步一步加强，他们跃跃欲试，想挣脱大人的束缚。能够自己独立地读完一本书，本身就会给孩子带来很大的阅读自信，他们也会越来越喜欢阅读。很多的桥梁书都是一整套的，包括十几本甚至有二十几本。当孩子们看着自己独立读完的厚厚一摞书，会有满满的成就感。如果家长再把阅读的字数告诉他，“你已经读了十万字啦！”孩子会从心底涌起阅读的自豪感。

阅读桥梁书可以培养孩子的阅读耐力。很多家长会抱怨自己的孩子坐不住，看书不到五分钟就会跑开，这就是孩子的阅读耐力不够，好书能够吸引孩子的注意力，通过对桥梁书的独立阅读也可以锻炼孩子的阅读耐力，从最初的十分钟到二十分钟再到三十分钟，循序渐进，孩子的阅读耐力会一步步地提升，到后期甚至会达到一种全神贯注、投入忘我的状态，孩子慢慢地就会走上一条自愿、自主、独立的阅读道路，阅读也会成为一种习惯。

2. 如何选择桥梁书？

选择桥梁书的根本原则是以儿童为本位。

阅读是很私人化的行为，每个孩子的阅读兴趣不一样，阅读差异也很大，要根据不同孩子的特点选择桥梁书。了解孩子的阅读基础和阅读兴趣，因势利导地给孩子选书或者是让孩子自己选书至关重要。现在的桥梁书类别很多，故事性的、科普性的、艺术性的都有，多样化的选择往往令家长很茫然。家长可以在对桥梁书有基本了解的基础上，带着孩子广泛地借阅图书，现在好多城市的图书馆都会有适合青少年阅读的专馆，可以先大量的借书，看看孩子喜欢什么，有的书特别喜欢再买，这样既节约经费还能发现孩子的阅读兴趣点。

就像市场上的图书良莠不齐一样，桥梁书的质量也是参差不齐，要注意甄别和遴选。优秀的桥梁书本身就是优秀的书籍，从事写作的人都知道，给小孩子写的书看似浅显实际很见作者的功力。人类的情感是相通的，孩子的认知发展过程也是相似的。就个人的家庭阅读经验来看，那些经久不衰的经典书籍会得到孩子们的广泛喜爱。

3. 怎么读桥梁书?

桥梁书具有明显的指向性，就是从图画书到文字书过渡的一种书籍。这个过渡过程有长有短，有快有慢。有的孩子因为早期的阅读积累，可能很快就越过了桥梁书的阅读阶段，甚至有一、二年级的孩子已经开始痴迷像“哈利·波特”这样大部头的著作了，而有的孩子甚至读以图为主的绘本还比较费劲。根据孩子的实际情况选择桥梁书很重要。桥梁书本身也有难易之分，有的接近图画书，有的是标准的桥梁书，有的已经是章节书。家长根据孩子的情况选择桥梁书的同时，也可以循序渐进地参与到孩子的阅读过程中，先陪着孩子一起读，比如一人读一部分，再到孩子阅读时适当辅助，最后让孩子独立完成。

在桥梁书的阅读过程中，如果孩子寻求家长的帮助，家长可以适度的支持，但是要避免掺杂功利目的的过度干预。孩子进入小学阶段以后，学业的压力逐渐增大，有的家长会很焦虑。如果把阅读和识字、写作文、提高成绩等绑定在一起，很容易让阅读变成任务，而一旦成了必须完成的任务，阅读的乐趣就会大打折扣。让孩子们通过一步步的独立阅读自然而然地爱上阅读，并享受阅读的乐趣才是最重要的。

二年级

坦诚相待

畅畅：

我的宝贝儿，你好！今年的六一儿童节，妈妈的感受很复杂。

儿童节，送礼物。刚刚过了五一劳动节你就开始心心念念礼物的事情了。妈妈想来想去决定送你一份特别的礼物——安排一次完美的旅行。正好妈妈五月底要去杭州开会，想着带你一起去。不是节假日，肯定不会人满为患；还没有到盛夏的高温时节，气温应该会很舒服；查了查飞机票也不贵，综合所有的因素，这应该是一次惬意的旅行。于是妈妈兴奋地开始筹划出行方案：查攻略、定路线、安排住宿等诸多事宜。此行唯一的顾虑就是你现在上小学一年级，得需要请十天的假。不过想想去年咱们请假去海南的愉快经历，我觉得问题不算大，我们可以在旅途中边玩儿边学，况且你们一年级学习的东西相对简单，这不会影响我们最后的考试成绩。

想象着你双眼放光的表情，想象着你欢呼雀跃的动作，妈妈自己也很兴奋，这个六一儿童节的礼物应该很有意义。可是你听到消息后的淡定表情，给了我当头一击。你若有所思地放下书包，然后郑重其事地说：“妈妈，我不想和你一起去，十天要落下很多的功课，况且我们六一之前要加入少先队，还有很多的事要做呢。”你的反应完全惊讶到了我。我愣了愣神儿，想挽回一下局面，便说：“你落下的功课，妈妈可以教你。”没想到你毫不留情地说：“你教得没有老师教得好。”好吧，好吧，妈妈一个大学老师被你一个小丫头贬得一文不值。旅行计划就此夭折，我只能黯然神伤地和你爸爸去“诉苦”。

“妈妈确实没有老师们教得好”，这是参加完你们学校举办的“开放日”活动后最直接的感受。每门课的老师都准备充分，教学形式也是多种多样，语文老师让你们戴上漂亮的头饰讲述《荷叶圆圆》，数学老师让你们数数学小棒，英语老师设计了同桌之间拍手的游戏。看着你和小伙伴儿在课堂上认真又兴奋的样子，我深切地感受到你很喜欢学校的生活，也很快乐地融入了集体。这其实给予我的是一个莫大的隐喻：你终将会有自己的生活，而我作为你的母亲，得学会放手和尊重。

关于放手这个人生感悟，在你学骑自行车这件事上也得到了印证。你原来一直骑带辅助轮的小自行车，周末爸爸把辅助轮给拆了，没想到两天时间你就学会骑了。当你兴奋地要展示给我看时，我还有点儿担心：哪会那么快，不定要摔多少个跟头呢。所以当你骑上自行车时，我还是忍不住陪在你身边要保护你，以至于你骑得飞快时我都得小跑跟着你，后来发现即使我累得气喘吁吁，也只是徒然地耗费精力，你围着小广场骑了一圈又一圈，而我只需要远远看着你就可以了。这让我顿然想到一段话："我慢慢、慢慢地了解到，所谓父母子女一场，只不过意味着，你和他的缘分就是今生今世不断地目送他的背影渐行渐远。"

宝贝儿，既然你在一步步地走向独立和自主，妈妈必须把你当作一个具有"独立人格的人"来看待，希望以后我们能够像朋友一样坦诚相待，倾听彼此的心声，分享彼此的感受。

节日快乐！

妈妈

2019年5月24日

一、每个孩子都该被温柔以待

——重读《窗边的小豆豆》

对于孩子的教育，我是资历尚浅又左顾右盼的妈妈。有时候我会笃定地认为一定要遵从儿童的天性，让孩子健康快乐的发展，而更多的时候则会被各种喧嚣的教育理念裹挟而陷入深深的自我怀疑之中：面对蓬勃发展的时代洪流，我的孩子能适应这个突飞猛进的世界吗？在泥沙俱下、一地鸡毛的琐碎生活中，只有书籍能平息我的心性、笃定我的信念，今天的这本书是《窗边的小豆豆》。

第一次读这本书是在孩子上幼儿园时，当时是抱着应该把所有经典的育儿书都看一看的心态来读的。因为孩子尚处于幼儿启蒙阶段，对上学这件事还没有太深刻的认识，因此对这本书的感触并不强烈。书中描述的巴学园确实与众不同，小林校长的教育理念让人耳目一新。但是对书中校长的某些做法还是持深深地质疑态度，比如让全校的同学光着身子游泳这个事，这么做是不是有点儿过呀（当时并没有理解这种做法后面的深意）！

到了孩子该上学的年纪时，一下子各种焦虑纷至沓来，学区房的压力、择校的苦恼、班级的选择等问题开始困扰我。终于拿到入学通知书，我长长地舒了一口气。记得第一次送孩子进小学的校门，看着她背着大大的书包走进教学楼，我突然有点儿泪湿眼眶，一种怅然若失又惴惴不安的感觉侵袭了我，整整一天都心神不宁。还好，经过一段时间的磨合，孩子适应了小学的生活。

挚友家的男孩儿就没这么顺利了，他们经历了惊心动魄的一年级。孩子在学校里各种状况频出，今天在课堂上哭闹，明天在校车上打架，后天又在小饭桌惹事，最严重的时候家长要每天陪着孩子在学校上课。看着心力交瘁的朋友疲于四处“灭火”，我也陷入了深深的焦虑之中：为什么从小看着长大的那么可爱的孩子这么不适应学校的生活，问题到底出在哪里？我和朋友一起尝试了各种解决办法，可终究是收效甚微、不得要领。

真正带给我启发的是孩子。不知道啥时候我家的小朋友从书架上翻到了《窗边的小豆豆》这本书，她一下子就看了进去，津津有味地读个不停。她总是嚷嚷着要是能在巴学园上学就好了，还绘声绘色地描述了学校里的电车教室以及孩子们露营、野炊、开运动会的经历。书中写道：“小豆豆的心里被喜悦塞得满满的。”我家的“小豆豆”则是被书中带来的惊喜塞得满满的。这本书能带给孩子如此愉悦的阅读体验让我十分惊奇。

于是我重读了《窗边的小豆豆》。书中的小豆豆是一个一年级就被退学的孩子。她第一次在巴学园见到小林校长时就滔滔不绝地讲了四个小时的话，校长则专注认真地听了四个小时，这真是一个既有耐心又有爱心的校长。

书中以孩子的视角、感触详细地记述了小豆豆在巴学园的生活，处处都渗透着小林校长的教育理念。其中很多细节引人深思，比如小豆豆心爱的钱包掉进了厕所里，小豆豆不管不顾地用长舀子淘厕所，甚至都耽误了上课。小林校长问清情况后，只是淡淡地说了一句：“弄完之后，要把这些全都放回去。”如果在现实生活中遇到了这种情况，我相信没有几个家长能这么淡定，要不就会大声地斥责孩子，要不就是伸出援手帮助孩子，但是只有小林校长能对孩子充分地信任与尊重。书中像这样具有启示意义的情节还有很多，小林校长的教育理念和教育方法以及对生命个体的充分尊重，总是让人心生温柔又肃然起敬。

好书历久弥新，经得起回望和重温。

我要把这本书送给那个在学校焦头烂额的男孩儿，我想告诉他这个世界上每个人都是不同的，有个叫小豆豆的小朋友比他还要顽劣。她竟然会用一只手抓住单杠，一动不动地挂在那里，并大声地说：“我今天是牛肉。”

我还要把这本书送给被孩子的种种状况折磨得忐忑不安的挚友，我想对她说：“我们不要被孩子阶段性的问题困扰，要坚信孩子是好孩子。”

我更要把这本书送给那些一线的教育工作者，并想和他们一起重温小林宗作先生的话：“无论哪个孩子，当他出生的时候，都具有优良的品质。在他成长的过程中，会受到很多影响，有来自周围的环境的影响，也有来自成年人的影响，这些优良的品质可能会受到损害。所以，我们要早早地发现这些‘优良的品质’，并让它们得以发扬光大，把孩子们培养成富有个性的人。”

二、罗尔德·达尔：一呼百应的孩子王

炎热的中午，困意袭来，迷迷瞪瞪中感觉那个小朋友好像在卫生间里鼓捣什么东西，没管她，结结实实地睡了个午觉。一觉醒来发现“案发现场”一片狼藉，洗手池边各种黏稠的液体。当我怒火中烧正欲发作时，那个小朋友拿出一个杯子一脸兴奋地对我说：“你看，我调制了一种神奇魔药。”

把浑身脏兮兮的小朋友拎出洗手间，开始审问：“你这里面都是什么？”

“我把能找到的都放了一点：洗手液、洗发水、沐浴露、漱口水、牙膏、指甲油、洗衣粉，还有你那些化妆品，但是感觉还不够，我本来还想在厨房里找点作料，像香油、醋、酱油什么的。”这个小朋友歪着脑袋仔细地回想着。

“你刚才说神奇魔药是什么意思？”

“就是小乔治的神奇魔药呀，书中的小乔治就是这么调制魔

药的。”

翻开《小乔治的神奇魔药》这本书，目录页后有一则“敬告小读者”的公告：“你们在家，千万不要试着做小乔治的那种魔药。太危险了！”落款：作者。这简直是欲盖弥彰，越是这么写小孩子越是想尝试呀！这本书的作者是罗尔德·达尔，一个在孩子的世界里得到高度的认可而在一些家长和批评家眼里饱受非议的儿童文学作家。他就像一个一呼百应的孩子王，带着一群孩子满世界疯跑，鬼主意噼里啪啦满天飞。他笔下的故事就像热闹的花车游行，夸张又热烈，孩子们兴奋地呐喊、吹口哨、手舞足蹈，一派狂欢景象。

最初接触罗尔德·达尔是从他的《了不起的狐狸爸爸》开始的，这本书是学校指定的课外阅读书，和孩子一起读完后，当时并没有觉得多么出色：传统的叙述模式，丑陋的坏人形象，语言轻快流畅而已。之后小朋友一发不可收，不仅把罗尔德·达尔的书津津有味地都看了，而且其中有好几本如《查理和巧克力工厂》《女巫》《玛蒂尔达》《詹姆斯和大仙桃》《好心眼巨人》等还借给同学多次。

这些书到底有什么样的魔力能让孩子们如此疯狂地痴迷呢？罗尔德·达尔曾经说过，如果你想真正了解孩子，那么最好的办法就是你跪着生活一个星期试试。真正地和孩子站在同一个视角，真正地从一个孩子角度去看待世界，这恐怕是孩子们认同作者的根本原因。

读罗尔德·达尔的作品首先感受到的是一种单纯的力量。作者就像始终跳跃着鲜活童心的率真孩子，他疾恶如仇，他直截了当。他笔下的人物个性鲜明，坏人就是坏人，没有什么中间和过渡，而且这些坏人不仅外貌丑陋、行为丑陋，一切都很丑陋，而且每种丑都不一样，描述得很具体，极尽揶揄讽刺之能事。他笔下的海绵团姨妈“个子矮小，胖得要命。一双小猪眼，两片瘪嘴唇，松弛而苍

白的脸颊，恰似在水里煮过一般，活像一棵煮烂了的湿漉漉的大圆白菜”（《詹姆斯和大仙桃》）。他讽刺校长“看上去像一个跟着猎狗捕鹿的嗜血怪人”（《玛蒂尔达》）。对个子矮的人他会说“站在世界上任何一个游泳池的浅水一端，他的下巴都会在水面以下”（《了不起的狐狸爸爸》）。这种尖刻又夸张的描述会让孩子们一下子就记住书中的人物，这就像条件反射一样，一提到某本书，那些鲜活的人物形象就会立刻蹦到我们面前。

罗尔德·达尔太了解孩子们了，他知道孩子们喜好什么，他总是和孩子们站在一起，满足他们不切实际的幻想。朋友家的小男孩儿来我家做客，会抱着《查理和巧克力工厂》看个不停，哪个孩子看到热气腾腾的巧克力河不会发狂，哪个孩子听到竟然有“永远吃不掉的石头弹子糖”时不会好奇和欣喜，还有“可吃的果汁枕头软糖”“供婴儿室用的可舔墙纸”“冬天吃的热冰激凌”等，每一个天马行空的想法都会直击孩子们的心坎。

很多家长和批评家会指责罗尔德·达尔的故事中对成人的丑化和对暴力的呈现，甚至有人会认为这些描述会吓着孩子们。实际上这样的担心大可不必，我曾问小朋友看这些故事觉得恐怖吗？小朋友的回答很中肯：“《女巫》中可恶的女巫要消灭小孩儿时确实有点儿害怕，《好心眼的巨人》中那些吃人豆子的巨人也有点儿吓人，但那都是作者的想象，有点儿恐怖才更好看。”我们要相信孩子的鉴赏和甄别能力。

这些书中真正打动我的是《女巫》，小男孩儿被女巫变成了老鼠，经过一系列惊险的斗争，他终于和姥姥一起打败了女巫。在故事的结尾处我以为作者会让男孩儿从老鼠变回人，但是作者没有，男孩儿还是老鼠的样子，他那个挪威姥姥为了让变成老鼠的小外孙更加方便，甚至改造了家中的各种设施。“只要有人爱你，你就不会在乎自己是什么，或者是什么样子。”这句话深深地感动了我，来自亲人的无私的爱和不求回报的付出永远是孩子们的底气。罗尔德·达尔是真正爱孩子并懂得爱的真谛的人。

罗尔德·达尔的一生比他书中的故事还要精彩，他当过王牌飞行员，经历过第二次世界大战，还是间谍和剧作家，他还自诩是巧克力历史学家和魔药发明家。当小朋友津津有味地看完他的自传小说《好小子——童年故事》时，这个躺在床上准备睡觉的小朋友突然说：“我特别想问问罗尔德·达尔当间谍是什么感觉，有什么好玩儿的事吗？”这就是罗尔德·达尔，一呼百应的孩子王，他总是能勾起孩子们的好奇心并成功地吸引他们的目光。

三、长篇阅读从《绿野仙踪》开始

翻看购书记录，莱曼·弗兰克·鲍姆的《绿野仙踪》购于 2018 年 4 月 3 日，倏忽之间，这本书落户家中已经两年多了。记得当时选书的时候，发现名著的版本真的很多，改编版、删节版、拼音版各种类型，不同译者、不同出版社五花八门，价格也相差很多。我当时想这样一本经典童话应该按照可以收藏的标准来买，因此来到我家的这本书是精装彩绘版，不仅是著名翻译家马爱农翻译的，还配有西班牙著名插画师茱莉亚·萨达绘制的插画。

两年间，这本书小朋友翻看过几次，但是每次都没有超过半小时。这样一本二十四章，一百七十五页的书，我相信仅仅半个小时的时间只能是囫囵吞枣地随意浏览或是被书中精美的插图吸引随手翻翻而已。我自己倒是仔仔细细地读了一遍，深深觉得经典就是经得住时间考验，一百多年前的著作现在读来依然津津有味。

读书不能着急，更不能功利，我相信有一天那个小朋友一定会仔细读这本书，并深深爱上它，只是缺少一个契机而已。

机会不请自来。小朋友的学校非常重视课外阅读，语文老师每天布置的作业都会有一项任务就是读课外书，这是一项需要大声朗读并打卡的任务。有一天，老师布置的作业是让同学们读一读《绿野仙踪》。我心中暗暗窃喜，大部头的长篇阅读可以开始了。

大声朗读破费口舌，为了不至于口干舌燥，我们决定每天朗读一章，小朋友朗读，我倾听并辅助录音。就这样我们一个字一个字、一章一章地读了起来，基本上每天读十至十五分钟左右，长一点的章节朗读二十五至三十分钟。很多时候小朋友读完一章会意犹未尽，她就自己再翻看后面的章节。一共花费了二十三天的时间（第二十四章特别短）我们读完了整部著作。

真正精读之后才会发现为什么这本书会受到一代又一代孩子的喜爱。

这本书的语言简洁平实，没有特别复杂的语句和生僻的字眼，小朋友偶尔读到不认识的字，我会在旁边稍作提示，但是没有让她在上面标注拼音或者强迫她记住这些字，阅读的快感很重要，不能因为几个不认识的字破坏阅读的连贯性和愉悦感。而且我发现有些字感觉小朋友应该不认识，但是依照上下文的语气和语感，她会自然而然地顺下去，这里凸显了作者和译者的叙事功力。另外，书中每一章节都会有很多人物的对话，这些对话很容易让小读者参与其中，尤其是朗读出来的时候，小孩子会不自觉地带着人物的神态和语气，这对深入理解书中主人公的性格很有帮助。

有趣的细节总是最吸引孩子们的地方，小朋友读到好玩儿的情节时会悄悄地会意我一下，我们会对视一笑。朗读完我们有时候还会讨论，比如多萝西用一桶水化掉了邪恶女巫时，女巫是多么的惊

恐和绝望，而作为读者的我们又是多么真诚地替多萝西高兴。好书需要分享，和孩子共读一本书的好处就是它会让彼此有更多的共同语言和讨论话题，也会让彼此更加的亲密和信任。

当然，这样一部伟大的著作还有很多值得赞扬的地方，比如奇幻的想象中富含着生活的逻辑、故事中讲故事的方式具有民间文学的特色等，但是我们家中的这位小读者关注点却有些不同。书中的每一个人物都有自己的诉求和渴望，稻草人想要大脑，铁皮伐木工想要一颗心，狮子想要勇气，多萝西想回家。就小狗托托最不起眼，没有什么想法，这个角色是不是可有可无呢？“多萝西最喜欢托托了，没有这只小狗可不行。”小朋友的话忽然点醒我，当我回看故事中小狗“托托”这个小配角儿时，发现这只小狗在整个故事中起着关键的作用。多萝西是为了救托托才被龙卷风吹上了天，多萝西又是因为托托才错过了上热气球的机会。故事的起因、转机、延续都是因为这只小狗，看来我们真是得佩服小孩子的洞察力。

这是一个寻找的故事，也是一个成长的故事。稻草人、铁皮伐木工、狮子其实在寻找的过程中就已经得到了他们想要的东西：我们看到稻草人越来越有智慧，很多时候都是他出谋划策帮助大家解决困难；铁皮伐木工那么有爱心甚至不忍踩一只过路的蚂蚁；狮子威风凛凛地越过沟壑时，他已经具备了勇气。多萝西的成长更复杂一些，单纯善良的她屡遭挫折，其实她本身就具有实现自己愿望的魔法，但单纯可爱的她并不知道怎么运用魔法，这里蕴含着许多人生的隐喻，关于智慧、关于爱、关于勇气等，当我们费尽心思去寻找时，最后发现其实它就掌握在我们自己手中，寻找就是发现自己、不断成长的过程。

尽管先前看过这本书，但是当小朋友读到最后“善良女巫满足了多萝西的愿望”那个章节时还是被深深地感动了。善良女巫不仅满足了所有人的愿望，她最后还要把金帽子还给猴子的首领，让那帮猴子永获自由，这种发自内心的善良让我们看到了人性的高贵。

深夜的窗外雨声淅沥，这是暮春时节一场肆无忌惮的雨。我走到窗前，极目远处被细雨和黑暗笼罩的建筑楼宇，忽然特别想播放小孩子精读《绿野仙踪》时的录音，稚嫩的童音伴随着雨声注入了我的心里，伟大的著作总是能拨动心灵深处的琴键，而童音的加入就是最好的和弦。

四、令孩童着迷的生活

——“梅伦迪四姐弟”系列丛书

“妈妈，这本《四姐弟的星期六》挺好的。”

“好的，那你看吧！”

“妈妈，四姐弟的书还有续集，也挺好的。”

“好的，那你慢慢看吧！”

当孩子隔三岔五地向我推荐“梅伦迪四姐弟”这套丛书时，明亮的眼神儿中有种按捺不住的兴奋。这个小孩儿跟在我屁股后面不停地念叨书中的情节，她流露出的欢喜让我觉得有时间可以看看这套书，但是当时我正在写另一本书的读书笔记，对小孩子急于分享的热情有些敷衍。

“妈妈，你知道吗？这套书的后记里说梅伦迪是作家喜欢的姓氏，所以写故事的时候就借用了。书里面的四个人物既是虚构的又有真实的成分。”

“妈妈，为什么作家写书时一开头就写对话，而我的故事的开头是‘从前有一只大牛精，它喜欢吃小鸟。’”

这个 8 岁的小孩儿竟然连作者的后记都仔细看了，而且还注意到了故事开头的与众不同。究竟是一套什么样的书让小孩子如此痴迷，带着疑问和好奇，我开始重视这套书并跟随孩子的脚步进行阅读。

“梅伦迪四姐弟”系列丛书一共四本《四姐弟的星期六》《四姐弟的新家》《四姐弟的新兄弟》《四姐弟连环解谜》，著者是美国作家伊丽莎白·恩赖特，王亦兵、张振成翻译，21 世纪出版社 2014 年出版。

这套书主要围绕梅伦迪家的四姐弟蒙娜（13 岁女孩）、拉什（12 岁男孩）、兰蒂（10 岁女孩）、奥利弗（6 岁男孩）的故事展开。这四个孩子每个人都有自己的个性和爱好，每个人都知道自己长大以后要做什么，都有自己的梦想。

《四姐弟的星期六》讲述了四姐弟成立了一个“星期六下午独立探险俱乐部”，周六的时候把大家的零花钱集中在一起，每个人可以独自一人去干一件自己最想干的事。兰蒂去美术馆看了画展，拉什去歌剧院听了歌剧，蒙娜去理发店做了头发，就连最小的孩子奥利弗都独自一个人去马戏团看了表演。当然，故事中有很多的惊险和波折，也有小意外和小惊喜。故事的叙述完全是孩子的视角，很多心理描写都拿捏得准确细致，怪不得小孩子会看得津津有味。

看完这本书后，小朋友萌发了一个大胆的想法——她想独自一个人去买自己喜欢的卡片。“一定注意行人和车辆，过马路要看红绿灯，不要和陌生人说话……”我像书中的卡菲（女管家）一样絮絮叨叨。目送小孩子下了电梯后，我赶紧跑到阳台上，趴在窗户上盯着那个小小的身影。这个小孩儿第一次自己上街买东西还是有些紧张，她一路小跑着奔向了商店。等她满头大汗地回到家，她详细地叙述了自己的经历，遇到了一辆蓝色的汽车正在倒车，遇到了两只凶巴巴的狗，等等。这个小朋友觉得自己像四姐弟一样，完成了一次独立的探险，非常兴奋。优秀的童书就是这样，它不仅启迪孩子的心智、滋润孩子的心灵，很多时候还具有榜样和示范的作用。

《四姐弟的新家》叙述了梅伦迪一家从大城市搬到了乡下一栋古老的“四层错”小楼后的故事。森林、瀑布、山谷，乡下的生活处处充满美丽的自然风光，游泳、爬树、探险，四姐弟的生活真是令人着迷。小朋友太羡慕四姐弟多姿多彩的生活了，她会望着天花板感叹“和四姐弟相比我的生活太平淡无奇了”“四姐弟太幸福了，能养那么多的宠物，而我连一只猫都不让养”。这个小孩一遍一遍地和我讨论书中的细节，那条小溪呀，那个树屋哇，那个阁楼啊，等等！这本书带给孩子的是一种亲近自然的愿望和对自由生活的向往。

当我读这本书时，除了被作者描述的乡村生活深深感染之外，同时还联想到了另一本书，约瑟夫·克奈尔的《与孩子共享自然》。记得当时读这本书时，深深地被其共享自然的理念触动，但是也有遗憾，书中只是提供了一些指导性的游戏方法，缺少生动鲜活的例子，书的可读性也不太强。这套“四姐弟”故事童书正好弥补了这种缺憾，它为我们提供了与孩子共享自然的鲜活范本，它真真切切地向我们展示了梅伦迪家的孩子是如何在自然中生活和游戏的，这里面有成长的磨难，有探索的乐趣，更有无拘无束的快乐。

《四姐弟的新兄弟》让我们看到了梅伦迪家的孩子是多么的勇敢、善良、真诚和友善。《四姐弟连环解谜》中有很多的谜团，小读者们会跟随主人公去猜谜解谜，乐此不疲地沉浸在寻找的乐趣之中。

“梅伦迪四姐弟”这套丛书具备了优秀童书的诸多品质，它故事紧凑、情节曲折，打动人心，在语言上也非常生动：“炉子蹲在墙边，像迷宫里的牛头怪，旁边的那些管道就是它的触须。”“水面上停泊着空无一人的平底小船和船头很窄的游艇，看上去就像巨人随意丢弃的拖鞋。”“草坪绿得像翡翠，柔软得像小马驹的鼻子。”这些精彩的比喻散落在书中，就像美味的甜点一样，让人有惊喜和愉悦之感。

这套书创作于 20 世纪四五十年代，时代的印痕若隐若现，比如故事中有孩子们“为战争（二战）筹款”的情节，另外书中涉及的诗歌、音乐、绘画等具有明显的异域文化特色。但是这些都不影响孩子们对这套书的喜爱，书中传递的自由探索的精神、亲近自然的态度，以及昂扬向上的生活气息都令孩子们着迷和向往。

五、来自大自然的生动报道

——比安基《森林报》

春水泛滥的季节里，一只小兔子正在努力爬上树枝躲避洪水的侵袭；林鸟筑巢的日子里，森林里夜夜都有强盗行凶作恶，频频发生森林谋杀案；林间空地上，云杉、白杨和桦树正在进行着一场旷日持久的地盘争夺战……这些都是《森林报》带给我们的关于大自然的生动报道。

苏联作家比安基用他轻快又优美的笔触记录了森林里发生的新鲜事，每一位读过这份特殊报纸的人都会被深深吸引。《森林报》是学校老师推荐的假期课外阅读书目中的一本，列在了科普著作里，当时我和孩子并没有十分重视，因为小朋友平时阅读的科普书也很多，像《神奇的动物世界》《迷人的植物王国》《科学超有趣》《鸟类行为图鉴》等，这种科普类的书多看一本少看一本应该影响都不大。后来我们决定从图书馆借一本随便翻翻。当时我们从图书馆一下子借了十本书，小朋友正痴迷其中一本探案的书，其他的都搁置在了一边。我随手拿起了《森林报》，不翻不知道，一看吓一跳，原来科普的书也能写得这么诗意和优美，那些森林里发生的大事小情简直比故事还要有趣。直觉告诉我，又发现了一套好书。

当我兴奋地向小朋友推荐这套书时，她抬起埋在探案书中的小脑袋一副不以为然的样子。好吧，我相信她只是没有读，只要读了她就会爱上这套书，阅读需要一个契机。

机会来了。一天中午，小朋友心血来潮要给我捶背，我趴在床上，小朋友半是认真半是戏谑地挥动着小拳头。我顺势打开“路上读书”播放起《森林报》的音频。轻柔的音乐响起，伴随着鸟鸣和汩汩地流水声，主播娓娓道来，讲述一件件森林里发生的事情：白嘴鸭揭开春天的帷幕，母老鸹第一个生了蛋，头一拨春花开了，森林里到处都在发生着雪崩。我们都听得入了迷，后来两个人索性躺在床上，闭上眼睛静静享受这听书的美好时光。

听完书，小朋友一下子对这套书来了兴致，她不仅仔细阅读了书，还做了笔记，最后还要求买一套书留着反复看。在挑书、买书的过程中，我们发现这套书的版本太多了，尤其是作品版权进入公共领域后，一下子涌出了十几个版本，拼音版、改编版、彩绘版等都有，不同的译者和编者也很多。这虽然从一个侧面证明了这套书确实是值得阅读的经典书籍，但也给家长选书带来了挑战，各个版本良莠不齐，需要仔细地斟酌对比。

我们买书有几个原则：拼音版的书不选，因为这么大部头的书，拼音版肯定是经过改编删节的，原书的意味和灵气就没了，况且标注拼音也影响阅读效果；标注某某机构编的不选，这样经典的著作应该有明确的著者和译者，如果只是机构编写不禁让人质疑其专业性；印刷质量粗制滥造的不选。最后经过反复对比，我们选定了著名诗人、儿童文学作家、著名翻译家韦苇先生的译本。

阅读《森林报》除了被它的科普性和文学性深深折服之外，最打动人的还是作者比安吉对大自然的敬畏和深深地热爱。很多自然文学作品在阅读时都会让读者隐隐地感觉到作者在刻意地拟人化笔下的动物和植物，而《森林报》却不一样，书中通篇都是以自然界的生物为主角，人类只是发现者、观察者和记录者。比安基先生用几十年时间完成的这样一部巨著，它不仅记录了森林里四季物候的变化，还传递出了亲近自然、热爱自然、探索自然的情愫，而对于身处钢筋水泥世界中的孩子，这种真实的自然既是一种向往也是一种召唤。

孩子痴迷漫画书怎么办?

我们经常会看到这样的情景，孩子们痴痴地抱着漫画书看个不停，时不时还伴随着嘿嘿的笑声，而家长则在絮絮叨叨地抱怨，“整天就知道抱着漫画书看个没完，有用的书不看，光看这些没用的”。这里面有家长隐隐的担忧和焦虑，也有孩子的无助和无奈。那么孩子痴迷漫画该怎么办呢？看我三板斧！

1. 不好办就“凉拌”

漫画作为一种文化形式，确实纷繁芜杂，有经典的、有通俗的，有历史的、有科普的，还有无厘头的、搞笑的，等等，阅读品质也是差异很大。被家长视为洪水猛兽的往往是那些迎合市场、容易消化又没有多大价值的漫画书。孩子在某个阶段对某种类型的书特别迷恋是一种非常正常的现象，尤其是小孩子在经历了以图为主的绘本阅读阶段之后，作为比绘本复杂比纯文字书简单的漫画书很容易成为阶段性的选择读物。

我们还是要抱着“开卷有益”的心态来看待漫画书。小孩子喜欢一本书往往很单纯，一个搞怪的人物、一个漂亮的封面、一个能互动的链接等都能唤起他们的阅读兴趣。对漫画书不能苛求太多，哪怕只有一点点益处那也是好的。

我家的小朋友在小学二年级时痴迷过一套漫画书《大中华寻宝记》，家里买了全套。我仔细看了看书，里面确实普及了一些地理知识，也有一定的趣味性，但是人物和情节的设计太简单了，贪吃的人遇到什么事想到的都是吃，这样的书挺热闹但是离经典还是有很大的距离。

没想到每个人的关注点不一样，产生的效果也不同。二年级的小朋友语文作业经常会有“写出 ABB 式或 AAB 式的词语”这样的题，对于 ABB 式，这个小朋友竟然能噼里啪啦地说出一大堆（好多字她根本就不会写），如顶呱呱、水当当、红通通、亮晶晶、金灿灿、轻飘飘、火辣辣、慢吞吞，我正兀自纳闷时，她告诉我这些词语都是《大中华寻宝记》这套书中神兽的名字。你看，一本书的价值不定在哪儿就会显现呢！

另外，我们要相信孩子有自我成长的智慧和力量。儿童的成长既有身体的成长也有精神的成长。随着年龄的增长，孩子的鉴别和欣赏的能力也会提高，当时很喜欢的东西回头再看可能就觉得比较幼稚了。就像到五年级的时候我再问那套《大中华寻宝记》怎么样时，小朋友已经没有当初那种非得要收集全套书的热情了，她只是淡淡地说：“我只是比较喜欢里面的神兽，可以照着样子捏彩泥。”

2. 高共情真“陪伴”

孩子在能够自主阅读之后，家长应该以一种更“无为”的方式高共情真陪伴。阅读是一种基于兴趣的活动，是很私人化的事情，每个人都有按照自己的意愿自由阅读的权利。孩子的阅读也一样，作为家长应该降低介入和干预的程度，多支持、少控制，多满足、少拒绝，以一种高度合作、高度共情的方式进行陪伴。家长需要扮演的角色是坚定的支持者、耐心的聆听者和有趣的讨论者。

让孩子爱上阅读，首先得让孩子有书可读。很多家长一提漫画书就觉得字少营养少还挺贵，买书就会犹豫。其实我们可以去图书馆借书。现在一般城市的图书馆都会有单独的儿童阅读馆，可以提供借阅服务。我家的情况是一家三口都办了借书卡，每张卡可以借四本，这样一次就可以借十二本，基本上每两周去一次。这样既可以让孩子有充足的读物可以广泛阅读，也可以减少买书的失误和浪费。如果某一本书孩子特别的喜欢，我们会毫不犹豫地买一本，及时满足孩子的要求。

孩子读完一本书，了解一些新知识或有趣的信息时，有时候会特别的兴奋，会有和家长分享的欲望，这时候的父母就需要做一个好的听众和讨论者，认真听取孩子的讲述，毫不敷衍地回答孩子的问题。我家的小朋友曾经迷恋过一套逻辑思维漫画书《真相只有一个》，里面都是类似警察探案的故事，根据线索、细节推测到底是谁偷了宝剑、谁拿了钻石之类的。小朋友有时候会专门拿出一章，让我只看前一部分，专门考考我能不能找出罪犯，然后她自己还要分析一番。

还有一套历史漫画书《如果历史是一群喵》，小朋友刚接触时特别的兴奋，叽叽喳喳地跟我说喜欢里面的哪个人物，喜欢谁的房间等，后来我随口问了一句：“这书里都讲了啥呀？”然后她翻开书煞有介事地给我讲，可是怎么越讲越不对劲呀！原来这里面的生僻字太多了，像“蚩尤、旱魃、伏羲、燧人、颛顼”等。这个小朋友光注意有趣的情节了，里面生僻字的读音都是自己意会的，很多字都念错了。后来我们一边纠正读音，一边嬉笑成一团，这既是共读的乐趣也是生活中的小情趣。

家就是让所有成员包括孩子都能放松的地方，平等、认真、有趣的对话才是真正的共情和陪伴。

3. 广阅读来“牵绊”

孩子某一阶段沉迷漫画书没有问题，其实家长最担心的是孩子只看漫画书，别的书看不进去。漫画书形象、直观、有趣，小孩子阅读起来轻松、不费劲，所以他们一直爱看，但是没有难度也容易没有进步。只看一种类型的书，一直处于阅读的舒适区，会影响孩子的广泛阅读和深度阅读。阅读多样化，让孩子接触更多类型的书，选择多了，自然就不会口味单一只沉迷于一种类型。这就像一个小孩子整天在自己的小区里玩儿，他看到的就仅仅是花园里的花花草草，而当你把他带到一片广阔的森林里，他会一下子豁然开朗，原来世界这么大，原来书籍的世界如此的丰富多彩。

漫画书本身涉及的内容非常丰富，可以以此为基点逐步拓展孩子的阅读领域。我家小朋友曾喜欢过一套《科学超有趣——让孩子爆笑的科学漫画书》。这套书里面有数学、物理、化学、动物、昆虫、地理等分册，小朋友最喜欢动物分册，但是薄薄一本漫画书，图多字少，讲述的内容很有限，小孩子的探究欲强，她会觉得不过瘾。后来我发现她在看法国作家乔治·布封编译的《自然史：神奇的动物世界》，因为布封的书是两本一套的，她又开始看另一本《自然史：迷人的植物王国》，这样经由漫画书的牵引，阅读的领域自然而然地就打开了。

蒙台梭利说过，孩子和大人一样，也承担着属于他的责任和工作，这个工作就是发展他自己。有时候我们会感叹小孩子的脑回路清奇，这正是体现他们的自我成长之处。我家的小朋友经由漫画书竟然喜欢上了一套关于学习方法的书：《写给儿童的高效学习力打造计划》，自己还专门准备了一个本子要做笔记。另外因为喜欢漫画，她还要求买一套怎么画漫画的书，结果我家书架上就有了日本漫画家手冢治虫的那本《谁都可以画漫画》。我们认识的小朋友还有因为喜欢关于化学的漫画书，后来竟然开始翻看爸爸的化学课本的有趣事件。

对小孩子的阅读来说，最重要的就是自由和散漫，有时候家长的干预和引导反而会用力过猛、适得其反，在兴趣引导下顺其自然地生长和延展才能坚持得久远。漫画书不是洪水猛兽，相信求知欲强的孩子们，不会仅仅沉迷于漫画书，随着认知能力的发展和提升，他们会自然而然地进行更广阔领域的探索。

三年级

孩子，能够陪伴你长大是一种幸福

畅畅：

你好！又到六一儿童节了，又到了给你写信的日子。前些天科学课的老师布置的作业是做一个时间胶囊，要求你们把身高、体重、臂长等身体信息详细记录下来，并预测到六年级时自己会长多高，会有多重。这个时间胶囊要存放四年，等到小学毕业的时候再拆开。我们一起认真地做了记录，用八宝粥的罐子做成了胶囊，你还在里面放上了自己喜欢的小玩具和小卡片。时间胶囊真是一个好创意，通过它我们可以一起感受时光的变化和成长的痕迹。对于你们小孩子来说，成长是立竿见影的变化：个子高了、鞋子小了、裙子短了。对于妈妈来说，成长是悄无声息地流逝，那些咿咿呀呀学说话、摇摇晃晃学走路的日子一去不复返了，那些背着抱着、哭着闹着的岁月封存在了时光的相册里。

宝贝儿，这一年你的独立意识越来越强，你最爱做的动作就是双手叉腰，下巴上扬，然后横横地说一句："我就不。"你开始全面介入家中的大事小情，并且管得越来越宽。当你看出爸爸妈妈之间要"硝烟四起"时，你会及时站出来，义正词严地说："你们两个能不能好好说话。"我们就会像泄了气的皮球一样偃旗息鼓。你还学会了三国演义中"联刘抗曹"的本事，当我催促你赶紧写作业时，你会对正在刷碗的爸爸说："爸爸，咱们一起起义吧！"

虽然你越来越像一个"小大人"，急于向我们展示作为独立个体的自主意识，但是你在生活习惯上的独立却远远没有达到，个人卫生、收拾房间、自主安排时间、独立完成作业等方面还有很多需要改进的地方。当然，你生活上的散漫跟我有一定的关系，妈妈有时管得太多，很多事情没有放手让你自己去做。因此，在六一儿童节这个重要关口，妈妈郑重地宣布我们每个人都要做好自己分内的事情，让我们互相监督、共同进步。

我们每个人都要走向独立和自主，这不仅是一个自我认知的过程，还是一个不断接受挑战的过程。记得上次去超市，推起购物车时，你给我讲述了网球课上的"悲惨经历"：你上课去晚了，只剩下最后一个装网球的推车了，推车特别的不好使，怎么推都推不动。求助老师，老师只是淡淡地说慢慢推，没有一个人帮你，你感到很无助，你说你当时强忍着没有哭出来。宝贝儿，妈妈能想象你当时紧咬嘴唇、眼中转泪、奋力推车的情景，也能理解在众目睽睽之下你慌乱又无助的心情。但是，孩子你要明白，独立不仅仅是自己的事情自己做主，更是要能够独立面对生活中的挫折和磨难。当然，我写下上面这句话时，脑海里能想象出你听到这些话的场景：你光着脚丫窜到沙发上，冲着我们嚷嚷："你们大人就是爱讲烦人的大道理。"好吧，空洞的大道理确实招人烦，热气腾腾的生活才是我们可以抓住的细节，真真切切的经历才能孕育心灵的感悟和体会，相信有一天你会懂。

回顾走过的这一年，有许多值得纪念的事情，比如我们一起去北海旅行的愉快经历；比如我们一起写的书出版了；比如你那浩浩荡荡的捏猫工程；比如因为疫情，我们经历了史无前例的漫长假期。这些热热闹闹的日子就像原野上随风摇曳的小雏菊，平凡中透露着朴素和真实。虽然有时候我会抱怨，"我的生活都快被你这个小孩儿的零零碎碎填满了"。虽然在寂静的深夜里检视自己的内心时总会有几分失意和落寞，但是宝贝儿，妈妈还是想告诉你，能够陪伴你长大是一种幸福。

节日快乐！

妈妈

2020年6月1日深夜

一、质朴之作

——"小木屋"系列丛书

小孩子喜欢一本书往往很感性，一个迷人的故事、一段新奇的生活、一种别样的体验都有可能激发深入阅读的欲望。这种单纯的喜欢很多时候都能直击一本书的本质。什么是好的儿童文学，什么是好的童年书写，这个问题总是在我的脑海里萦绕纠缠。天马行空的幻想文学有让人迷恋的光环，华丽充满质感的文字有让人感动的力量。女儿的感性阅读让我拨开重重迷雾，看到一个质朴的好故事对孩童的深深吸引，这要从一本书谈起。

已经不记得什么时候为了凑单加购了一本《草原上的小木屋》，买回来直接放在了书架上，我都快忘记了。突然有一天，家中的那个小孩儿要把这本书带到学校，还信誓旦旦地跟我说课外阅读打卡时她要读这本书。我很好奇地问她："这本书好吗？""当然啦，我都想像劳拉（书中的主人公）一样住在大草原上，他们家有一只斗牛犬叫杰克，还有两匹马叫佩特和帕蒂。"嚯——这么细节的问题都知道，看来这本书很吸引人。我开始重视并阅读这本书。

仔细读过后发现了这本书的魅力，它就像儿童文学长河中一块美丽的鹅卵石，即使经历了时间的洗礼依然散发着质朴之光，每一个读过它的人都会感谢曾经拥有过这样一块朴素又真诚的石头。

书中主要讲述了劳拉一家从大森林迁徙到草原上，在那里定居下来的故事。建木屋、凿水井、耕种、打猎，劳拉的父母靠自己的双手和辛勤的汗水开拓了美好家园。同时他们也经历了一系列的考验：饥肠辘辘的狼群、来势汹汹的热病、凶险的草原大火、陌生的印第安人等。整本书没有离奇跌宕的情节，也没有华丽的语言辞藻，作者似乎只是在详细地叙述和描写一种生活，一种她亲身经历的生活。这就像是一个年迈的长者打开被时光尘封的记忆，给我们讲述一个久远的故事。

精读完《草原上的小木屋》后，我和女儿在茶余饭后会乐此不疲地讨论，比如一想到那些贸然闯进劳拉家的印第安人竟然穿着臭鼬皮，我们就不禁哈哈大笑；小孩子还记住了劳拉的爸爸凿井的时候用燃烧的蜡烛检测地下气体的方法；而年幼的小劳拉竟然特别想要一个印第安小婴儿。对于小孩子来说，对一本书的喜爱最鲜明的表现就是记住了书中有趣的情节。

一次我问小朋友：“宝贝儿，你想在大草原上生活吗？”“当然想啦——不过——那我得有个像样的爸爸才行！”正在吃饭的爸爸愣愣地放下了筷子，似怒似嗔地说：“我怎么就不是像样的爸爸了？”女儿立刻反问：“那你会打猎吗？你会建壁炉吗？你会造摇椅吗？你会凿井吗？”爸爸一下子就噎住了。看着爸爸的囧样，我大笑了半天。确实，书中充满了对父母的敬仰和爱戴之情。劳拉的爸爸乐观、坚韧，是一个有着美好梦想、无穷的勇气和坚强意志的人，他心中有家有爱有责任，他能在狼群中全身而退，能在草原大火中保全一家人的生命财产。他不仅有各种各样的技能，还会拉小提琴，正是在爸爸的琴声陪伴下孩子们度过了无数美好的夜晚。劳拉的妈妈温柔、善良又勤劳。在物资极度匮乏的情况下，她也会想方设法做各种好吃的，她能缝制漂亮的衣服，她把家里的一切都打理得井井有条。尽管在迁徙和定居下来的过程中劳拉一家遭遇了很多的意外挫折、艰苦挑战，但是温暖、和谐、相互扶持的家庭氛围却永远围绕着他们。这也是最打动读者的地方。

这本书另外一个比较突出的特点就是真诚细腻的叙事笔法。比如劳拉的爸爸搭建小木屋的过程，书中用了一整个章节来进行描述，从拉木头到凿凹槽，从建墙到搭屋顶，非常细致。越深入阅读越会发现那些细节的刻画，绝不是坐在书桌旁仅仅靠想象就能写出来的，更多的应该是来自作家真真切切的生活经验。关于这一点，不懂文学法则的小孩子也能感觉得到。一次小朋友写日记，我提醒她，不能写成流水账，要有选择地重点写。没想到她瞟了我一眼说："我觉得就应该像'小木屋'那样尽量写得细致一些。"好吧，这个小朋友的评价总能直击要害，她甚至觉得循着书中的方法我们也能建造一座小木屋。这就是真诚的文学作品带给读者的真挚感受。

看完这本《草原上的小木屋》，我和孩子都觉得不过瘾，于是买来了"小木屋系列"全套书，一共九本。我看电子书，小朋友看纸质书。我是按照顺序一本一本仔细读的，小朋友比较随意，她翻起哪本觉得有意思就会先看哪本，所以有时候她老是给我剧透：在《大森林里的小木屋》中劳拉的妈妈竟然拍打了一只大黑熊；在《梅溪岸边》中有一个叫内莉的女孩儿老是嘲笑劳拉姐妹；在《银湖岸边》中劳拉的姐姐失明了，那只叫杰克的老狗也死了；在《草原上的小镇》

中劳拉 15 岁就当上了教师；《漫长的冬天里》劳拉他们竟然经历了整整七个月的暴风雪……

这套具有自传性质的小说讲述的是一个人的成长史。在跟随家人不断迁徙的过程中，不谙世事的小姑娘劳拉最终成长为一个吃苦耐劳、勇挑家庭重担的成熟女性。当然，很多研究者在谈论小木屋系列时都会提到这部著作通过家庭生活的细节记录了美国西进运动的历史，也反映了坚毅的拓荒精神。文学作品作为时代的产物，当然会有时代的印痕，但是这套书能超越民族的差异、风俗的不同而得到不同国家几代人的喜爱。最根本的原因在于它通过生存的真实、生命的勇敢以及生活的温暖，展现了一种乐观向上、勇于开拓、坚韧不拔的精神。

这套书的作者劳拉・英格斯・怀德是一位传奇人物，她没有高深的学历，没有受过严格的写作训练，65 岁才开始写作。她根据自己的成长经历写成的“小木屋”系列被翻译成多种文字，成为全球几代人共读的儿童文学经典。从劳拉的经历可以看出，相比于游刃有余的写作技巧，真诚的书写和波澜壮阔的生活更能塑造优秀的文学作品。

读完整套书，眼前浮现了这样的画面：大雪纷飞的冬日里，萧瑟的大草原上伫立着一座结实的小木屋。透过摇曳的灯光，我们看到在温暖的壁炉旁，一位满头银发的老奶奶穿着黑丝绒长裙，披着柔软的羊毛围巾坐在摇椅上，她轻声细语地为一群孩子讲述着她那动荡又精彩的一生……

二、举重若轻的爱之书

——《爱德华的奇妙之旅》

一本书要用怎样的语言和情节才能描摹和隐喻深奥繁复的人生，书籍的作者做出了最好的选择。一个人要经过多少的磨难和挫折才能真正懂得爱和学会爱，一只命运多舛的瓷兔子告诉了我们答案。《爱德华的奇妙之旅》，［美］凯特·迪卡米洛著，［美］巴格拉姆·伊巴图林绘，王昕若译，新蕾出版社 2009 年出版。

当我们粗略浏览整本书时，会有一种感觉，这似乎是一本闲散之书：不到十万字的篇幅，容纳了二十八个章节，每一章仅仅是简简单单的三四页，字里行间充满了稀稀疏疏的短句和幽幽淡淡的对话。当我们走进文本深处，仔细探究会发现无论语言的处理还是情节的安排，这本书都堪称经典之作。

想要真正读懂一本书，你必须静下心来真正进入文本，体味文字透露出来的信息、传递出来的氛围以及背后的深意。《爱德华的奇妙之旅》这本书文字朴素清浅，没有复杂的长句子，没有冗长的段落，没有华丽的描述，轻描淡写的笔触随处可见。有的章节一句一段，夹着一些似真似幻的叙述，就像散文诗一样。

好的文学作品，语言是会呼吸的，在一张一合的叙述中读者能够感受到传递出来的气息。语言叙述平静从容，仔细读来又意味隽永是这本书突出的语言特色。当爱德华被抛入大海，内心充满恐惧时，作者是这样描述的："远在他（爱德华）的上面，阿比林乘坐的那艘海轮正无忧无虑地航行着，爱德华终于脸朝下沉到了海底。"一句"无忧无虑"和爱德华的"忐忑不安"形成鲜明对比，这世界的冷漠与悲凉潜藏在了这看似平静的叙述之中。"爱德华纳闷有多少次了他分别的时候都没有机会说再见 / 一只孤独的蟋蟀开始唱起歌来 / 爱德华倾听着 / 她身体的深处什么东西疼了起来 / 他真想大哭一场"（第十四章《没有机会说再见》）。和相处七年的朋友意外分手了，却没有机会说再见，爱德华是伤感和痛苦的，在这个时候"孤独的蟋蟀"意象的加入一下子烘托了感伤的气氛，读到这一段我们的心会被深深地触动，这就是语言的力量。

《爱德华的奇妙之旅》以爱德华的经历为线索，故事架构采用直线性的情节安排模式。一个故事引出另一个故事，环环相扣，节奏紧凑。整个旅程其实是很复杂的，各种各样的人物，丑陋的、自私的、善良的、残忍的、纯真的、冷漠的悉数登场。渔夫家、垃圾场、篝火旁、货车上、菜园里、餐车上、玩具店，各种场景不停地转换。面对庞大的叙事内容，可写的东西很多，甚至每个故事都能洋洋洒洒地写上几万字，但是作者在情节的安排和细节的取舍上是克制和收敛的，基本上每段故事采用的都是片段式的白描方式。

以爱德华为中心，每段故事的安排没有预设，没有铺垫，呈现给读者的直接是事件片段，而透过细节的蛛丝马迹我们又能管窥故事背后隐藏的人生境遇。这种潜在的留白会引申出很多的联想和遐思，也会让读者合上书本后陷入一种深沉的冥想之中。例如当男孩儿布赖斯救下爱德华并把这只瓷兔子送给他病危的妹妹时，读者会有一种疑惑，这两个孩子到底生活在一个什么样的家庭，那个小女孩儿到底得了什么病，到底是怎样的一个父亲能够踩碎女儿心爱的玩具。所有这些，作者都没有仔细交代，整个故事只是一些对话和细节描写，但是透过那些细枝末节我们能揣测故事背后隐藏的生活窘境：兄妹两人一贫如洗、相依为命，他们的父亲酗酒又冷漠，对病入膏肓的小女孩儿不管不问。正是这些留白在读者的心里挖了一个洞，那些积攒的疑惑和情绪一点点把洞填满，最后当那个叫萨拉·鲁斯的小女孩儿停止呼吸时，我们会难过地泪流满面。这就是出色的情节架构带给读者的情感震撼。

《爱德华的奇妙之旅》是一个充满隐喻的故事。故事中反复出现的几个意象既是主人公内心世界的流露，也是故事主题的潜在表现。

故事开篇后不久，阿比林的祖母佩勒格里娜讲述了“不懂爱的公主被巫婆变成疣猪”的故事。这个故事初读时让人感到疑惑和恐怖，那么美丽的公主竟然变成了疣猪，最后疣猪竟然被厨师屠宰了。祖母怎么会讲这么残忍的故事？那句“如果没有爱，一个故事怎么会有幸福的结局”是否有所隐喻？果然，在爱德华的整个旅程中，这个故事就像影子一样贯穿始终。当爱德华受难时、绝望时、被嘲笑时，他都会想起这个故事。在漫长的旅途中，爱德华也一点点明白了这个故事的深意，爱不仅仅是索取还有付出，爱不仅仅是被爱还要学会爱别人。

整本故事中有很多爱德华的内心独白和心理描写，其中有两个重要的意象“星星”和“翅膀”。“星星”带给爱德华的是心灵的安慰。

“在晴朗的夜晚，星光灿烂，它们那像从针孔里照射进来的光线让爱德华莫名其妙地感到安慰”（第一章）。当爱德华沉入海底时，“他觉得一生中，还从来没有比现在离星星更远”。在深夜中，爱德华会对着繁星说出那些爱过他的人的名字。即使是待在垃圾堆上，爱德华也能从仰望繁星中得到安慰。面对寂静的夜空，爱德华这只没有语言和行动能力的瓷兔子像孤独的诗人一样在冥想和思考着，内心的孤寂、世界的苍茫都寄托给了遥远的星辰。

“翅膀”是爱德华幻想出来的希望。书中三次提到了翅膀：第一次是爱德华被绑在木杆上，被一群鸟转着圈儿嘲笑时，他幻想着如果有翅膀，他就能摆脱很多人生的窘境。第二次是女孩儿萨拉·鲁斯离开人世时，他幻想如果有翅膀他就能带着女孩儿一起到空气清新的地方，女孩儿就可以自由地呼吸了。第三次是爱德华的头被摔成二十一块，意识处于迷离状态时，他幻想着不仅自己有了翅膀，而且是有各种颜色的美丽翅膀。人在面对无奈、无助、无常时，会有一种逃离的心态，有了“翅膀”就可以飞到任何地方，做任何事情，这个意象的设置诗意地契合了人物的心理。

正是这些意象的加入使故事具有了温暖的色彩。人生的沉重可以直白地说，可以浅浅地说，当然，也可以像作者这样诗意地诉说，而当我们追寻这些散发着情愫的意象时，心中总会涌起一种莫名的感动。

一直以为阅读一本书，只要走进文本的深处，体味语言的魅力和故事的震撼就够了，但是当读完《爱德华的奇妙之旅》后有一种冲动，我想了解是怎样的一个人让我们触摸到了这样一段奇妙的旅程，又是怎样的一个人写出了这样一本举重若轻的爱之书。查阅资料，抛开那些热热闹闹的介绍，凯特的经历吸引了我，“在写作之前，她曾在迪士尼乐园做过小工，在马戏团的门口卖过票，在野营地给顾客端过酒，还在温室里给别人种过植物”。这是一个触摸过生活的艰辛、经历过人生历练的作者，怪不得我们能从那平静的叙述中读出轻微的叹息声，能从那克制的描写中感受到被时间熨平的翻涌情绪，更为重要的是我们能从那看似微弱的声音中体会到一种绝境中寻找希望的信念，就像那个 100 岁的老娃娃所说，“打开心扉，相信爱，一定会有人来接你的”。

“从前，哦，奇妙的从前，有一只小兔子找到了回家的路。”读完这本书的最后一句话，斜靠在椅子上，看阳光洒入窗台，一种释然的感觉油然而生，这本书明媚的结尾温暖了我。

三、成为“哈迷”是一种什么感觉?

如果生活是一张白纸，那么好的书籍就是撒落在上面的一滴橄榄油，你肉眼可见它一点点地侵蚀、浸染你的生活，然后你的世界开始变得油亮亮和香喷喷。在小朋友屈指可数的 9 岁生涯中，还没有哪一套书像“哈利·波特”这样肆无忌惮地沁入她的生活，这个小家伙儿妥妥地成了一个小“哈迷”。

“哈利·波特”系列丛书是大部头的著作，整整七本，中译本每一册的字数都不少，粗略统计全套书加起来近三万字。这样的鸿篇巨制，那个小朋友竟然痴痴地读了两遍，然而还不过瘾，她还把“哈利·波特”的八部电影看了两遍，之后依然热情不减，又开始关注网络上解读“哈利·波特”细节的“列文虎克”。零零碎碎的时间里，哈利·波特也是主角：上厕所拿本“哈利·波特”；上学路上讨论哈利·波特；跟同学聊天还是哈利·波特。整个三年级下学期我们都沉浸在 J.K. 罗琳营造的魔法世界中，那是一段“宁愿相信自己是麻瓜，也不相信世界上没有魔法”的闪光日子。

对一件东西痴迷最根本的原因在于发自内心的喜爱。在小哈迷的带领下，我这个“麻瓜”（不懂魔法的人）也开始疯狂，当我们两个人拿着筷子当魔杖，嗖嗖嗖地互相发射咒语时，精神的飞扬和天真的快活充盈着我们的内心。这真是一套有着无限魅力的书籍。

1. 无处不在的拟人气质

我们经常说艺术来源于生活又高于生活。文学的魅力就在于那高出的部分会让生活变得更加生动和有趣，这一点在哈利·波特系列故事中体现得尤为明显。当你早晨照镜子时，镜子突然说话“把衬衫塞到腰里去，邋里邋遢”，你会是什么感觉？当你坐着公共汽车堵在上班路上时，突然栅栏往旁边一跳让车过去，你会作何感想？当你翻开相册，相片中的人物正在嘀嘀咕咕地说话，你又会是什么感受？在魔法的世界里这一切都会真真切切地发生。所有的物品都是有生命的，所有的东西都具有拟人的气质。

“飞碟在公共休息室里飞来飞去，咆哮着去咬墙上的挂毯。”“旧书发出幽灵般的哀号。”“废纸篓吞下垃圾袋，大声打起嗝来。”“万里无云的天空对着波光粼粼的湖面中的倒影微笑。”这些随意散落在书中的句子，不再是简单的拟人句，而是书中最平常的表述方式，因为在魔法的世界里，一切就是这个样子。这带给读者的是非常新奇的阅读体验，在这个无处不在的拟人世界里徜徉，小“哈迷”看待世界的方式都不一样了。

看着清洁工阿姨扫马路的大扫帚，这个小“哈迷”开始痴痴地不走，非得骑上扫帚拍照留念，兴奋地说：“这是我的光轮 2000 飞天扫帚。”轮到小朋友刷碗时，她一边收拾碗筷一边自言自语：“我要是会魔法，就会像韦斯莱夫人一样，魔杖一挥，锅碗瓢盆自动清洗，还会整齐地放到碗柜里，那多省事。”放学回家的路上发现草丛中有一辆缺了轱辘的自行车，这个小朋友竟然嘿嘿地笑着说：“那会不会是一个门钥匙（魔法世界里把巫师从一个地方运送到另一个地方的一种途径）？”

成为“哈迷”就是这样神神道道，他们总是相信那些稀松平常的东西没准儿会隐藏着巨大的魔法，对魔法的世界充满无限的向往。我家的那个小朋友就眼巴巴地盼着哪天飞来一只猫头鹰，带来一份霍格沃兹魔法学校的入学通知书。

2. 宏大绵密的叙事手法

J.K. 罗琳的叙述手法很高明，她不仅善于建构宏大的叙事框架，还善于细腻丰富的细节描写，这就像一个优秀的裁缝，不仅布料裁切得恰到好处，衣服的每一个针脚也都绵密细致。

每一部哈利·波特的叙事线索都不是单一的，除了围绕哈利和伏地魔这两个主要人物的双线叙事之外，里面还潜藏着许多微观叙事。每一章在推进故事发展的同时又旁敲侧击地暗含其他的叙事进程。例如在《哈利·波特与密室》中，霍格沃兹学校接二连三发生有人被石化的事件，在叙述中不仅和上一次密室被打开交错叙述出来，里面还牵扯出海格曾经的历史，很多人物的过往都被拽入故事中，这给了故事不断演绎和发展的契机，包括后面小天狼星、卢平、邓布利多以及斯内普等一些人物都是这样，以哈利在霍格沃兹的现实生活为引子，不断地牵扯出上一辈的过往历史、恩怨纠葛，这不仅让人物更加的丰满和立体，也让故事更加的厚重。

如果说诱人的故事是飞在天上的风筝，那么大大小小的悬念就是让人不忍撒手的引线。读者的情绪被一步一步地牵着走，最后心甘情愿地沦陷在故事的氛围中。每一个悬念都会有落脚点，比如在第一部《哈利·波特与魔法石》中，通过厄里斯魔镜，人们能看到自己内心深处最迫切、最强烈的渴望。哈利从小失怙，所以在镜子中看到的是家人微笑着对自己挥手。邓布利多照镜子时看见的是自己拿着一双厚厚的羊毛袜。最初读这个细节时，我们觉得这只是邓布利多开的一个玩笑，因为后面还有一句："圣诞节来了又去，我一双袜子也没有收到，人们坚持要送书给我。"直到第七部揭露邓布利多的家庭状况和生活境遇时才发现，作者这里的描述不是空穴来风，都是线索和伏笔。这种故事的前后呼应在书中几乎做到了极致，即使是微不足道的骑士公共汽车售票员，作者也不会忘记给他一个结局。更吸引人的是每一部故事的结局都会有大的反转：唯唯诺诺的洛奇教授竟然是伏地魔的附身，里德尔竟然就是伏地魔本人，被困阿兹卡班的小天狼星实际上是被冤枉的，等等。无数的悬念再加上一个反转的结局，让人读起来牵肠挂肚又荡气回肠。

罗琳绵密的叙事手法体现在诸多细节中，而环境和场景的描写尤为突出。在每一部的著作中都会有一些大场景、大环境的精细描写。对角巷、霍格沃茨学校、霍格莫德村、凤凰社总部、魔法部、古灵阁、圣芒戈魔法伤病医院等。有趣的是这些地方的入口都潜藏在麻瓜世界一个破破烂烂的角落，而进入之后又完全是一个纷繁复杂、精彩纷呈的世界。描写的细致和真实、强烈的画面感和现场感让小孩子几乎沉迷其中。我家的那个小"哈迷"最向往的地方就是去"对角巷"逛逛，在魔金夫人长袍店买件巫师袍，在丽痕书店买魔法书，在奥利凡德订购个魔杖，然后再捎回一只猫头鹰，那岂不是太完美了。

成为“哈迷”之后，小朋友的学习生活都变得好玩儿有趣起来。中午到教室比较早，她和好朋友的对话是这样的：“你怎么来得这么早，是不是飞路粉（魔法世界里一种旅行的方式）过来的。”上课学痕迹的“痕”字，她立马想到的是丽痕书店。当我一笔一画地写完“摄”字，并认认真真地对小朋友说：“摄氏度的摄字这样写。”那个小朋友不屑一顾地说：“这不就是摄魂怪（哈利·波特中阿兹卡班监狱的看守）的摄吗！”考完试，小朋友念叨她同桌老是偷偷地看她的卷子，我立马说：“应该给她的铅笔念一个防作弊咒。”话一出口，我们两个一起哈哈大笑，故事的有趣渗透到了生活的细节之中。

3. 立体丰满的人物形象

哈利·波特系列故事中人物众多，光主要人物就有二十多个，如果再加上妖精、精灵、马人、巨人、幽灵等就更多了。每一个人物都是丰满和立体的，罗琳充分认识到了人性的复杂和多变，因此在人物设计上不仅仅给了他们安排了主打的底色（好人还是坏人）还给了他们有趣的灵魂。

就拿主人公哈利来说，他一出生就陷入了巨大的矛盾之中，他既背负了巨大的声誉（竟然消除了强大的黑巫师伏地魔的法力），又承担了巨大的苦难（他的父母被伏地魔害死，他成了无依无靠的孤儿）。但是这样一个英雄人物除了头上有道伤疤之外，与普通的男孩儿并没有太大的差别，他逃课、贪玩、猎奇，功课并不十分出色，他会鲁莽冲动也会笨拙地不知道如何讨女孩子欢心。我们从哈利身

上甚至能看到邻家男孩儿的影子，但是正是这样一个普通的孩子，当他身上那种固有的正直、善良和勇敢淋漓尽致地表现出来时更能打动我们的内心。

书中的很多人物都是矛盾混合体。比如具有巨人血统的海格，他体格健壮、外形庞大，不修边幅、邋里邋遢，外表看起来像是一个强壮彪悍、不拘小节的成年巫师，而实际上却有着孩子般单纯、敏感、幼稚的内心。他会为了一只受伤的火龙而哭哭啼啼，他会因为一个恐龙蛋而轻易被骗，他会为第一次当神奇动物课教师而紧张兮兮。还有韦斯莱先生，他本来是“防止滥用麻瓜物品办公室”的工作人员，但他却对麻瓜的物品有出乎寻常的兴趣，他甚至向麻瓜一样自己改装汽车，他受伤在圣芒戈医院时甚至尝试用麻瓜缝线的方法治疗自己的伤腿。这样的人物设计有趣又可爱，这也很容易让读者注意和记住那些戏份不多的次要人物，因为即使是配角，也有独特的个性和有趣的灵魂。

小朋友最喜欢的人物是赫敏，她聪明又刻苦，沉稳又机智，这个门门功课都优秀的学神几乎成了她的偶像。但是当我们谈论赫敏时，总是不会忘记在《哈利·波特与密室》中赫敏在做复方汤剂时因为误拿猫毛而变成猫女的搞笑情节。每个人的生活都是多面的，罗琳深谙这一点，作为读者，我们能体会作者的用心。

我最喜欢的是韦斯莱家的双胞胎兄弟弗雷德和乔治，他们鬼主意特别的多，擅长创造和发明，浑身上下散发着幽默气质。在《哈利·波特与凤凰社》中，这对捣蛋鬼把可恶的校长乌姆里奇整得够呛。看着“孪生兄弟在下面同学们暴风雨般的喝彩声中，飞出敞开的大门，融入辉煌夺目的夕阳之中”时真想拍手鼓掌啊！

读哈利·波特每一遍的感觉都不一样。读第一遍时，读者会被作者设置的巨大谜团吸引，甚至会忽略或跳过书中的细节，像匆忙赶路的行人一样快马加鞭地朝故事的结尾狂奔而去。当知道了故事的结局第二遍阅读时，则会像品一杯好茶一样，一边咂着嘴，一边感叹：原来所有的结局都有隐喻和暗示，一波未平一波又起的故事情节中处处都是伏笔，那是一种抽丝剥茧后恍然大悟的感觉。当你对故事已经了然于心，随便翻出某一章时，还会津津有味地读进去，还会时不时被文字深深地打动，还会发现有许多的细枝末节竟然没有注意到，这也就是经典著作的魅力，意味隽永又常读常新。

J.K. 罗琳带给我们的不仅仅是魔法世界的狂欢，还有神采飞扬的想象空间。相信每一个读过哈利·波特的人生活都会更加的丰盈和有趣。“哈利·波特”系列是关于成长的故事，通过一本一本的阅读，我们见证了主人公一点一点地成长和成熟，而伴随着哈利·波特成长起来的孩子们除了迷恋神奇的魔法之外，更会被书中传递出来的善良、友爱、正义和勇气所感染。

四、科学超有趣

——“可怕的科学”系列丛书

如果在小学阶段只推荐一部科普的书，那肯定是“可怕的科学”系列丛书。别看书名挺可怕，实际上它是“可怕的有趣”“可怕的可爱”。我家的小朋友对这套书的喜爱远远超出了我的想象。

“可怕的科学”是一大套书，分为几个系列。最初我家只买了“经典数学系列”（九册），当时的初衷是想通过有趣的图书让孩子逐步具备抽象思维能力。书中涉及的数学知识，如数字、分数、图形、面积、体积、概率等基本涵盖了小学阶段的教学内容，这样可以加深对数学的认识。没想到阅读这套书引发了一系列连锁反应，小朋友看到书后附录中列出的其他系列之后，完全被那些奇奇怪怪的书名吸引，比如《肚子里的恶心事儿》《臭屁的大脑》《死亡沙漠》《巧克力秘闻》等，强烈要求看其他系列。

可是全系列的书数量太多了，有六十多本（还在不断出新），如果一下子买全套费钱又占地方，而且一股脑囤很多书孩子会很茫然到底该看哪一本，也容易养成随便翻翻的读书习惯。通过查阅，我们惊喜地发现市图书馆的儿童借阅室有全套的“可怕的科学”，所以我们决定这套书以借阅为主。但是借书也有一个问题，书籍频繁借还、流动很快，某一本书特别想看，往往借出。后来我们索性采取随遇而安的方式，图书馆有哪本书我们就借哪本。基本上每次去图书馆都会借两本“可怕的科学”，也不管具体是什么系列（目前一共出过五个系列：经典科学系列、自然探秘系列、经典数学系列、科学新知系列、体验课堂系列）。就这样断断续续地一直在看，也不知道到底看了多少本。

如果从图书馆借了八本书，有两本是“可怕的科学”丛书里面的，那孩子回家先阅读的总会是这两本。有时候连娃爸都纳闷，看着娃痴痴地阅读《神奇的肢体碎片》《杀人风暴》，他心生疑惑，“这个小孩儿怎么什么都关注呀”！其实我自己也很迷惑，这些书真的有那么好看吗，竟然会这么着迷。

断断续续借书还书三年，这套书一直是借书榜单上的常客，看着孩子这么喜欢这套书，感觉应该记录一下。当我把这套书的总目录摊开在孩子面前，让她标注一下哪本书看过时，她三下五除二噼里啪啦地就做完了标记，每一本她读过的书都印象深刻，仔细数了数竟然已经看了四十五本。

带着好奇和疑惑我也想深入了解一下这些书。我让小朋友给我推荐一本，她貌似“成熟稳重”地挑出一本书说：“现在疫情严重，大家都比较关心病毒这个事，你就看看《杀人疾病全记录》吧！”

一看封面就视觉冲击强烈：橘红加果绿的底色上一双布满毛发的大脚丫子长满了脓包和红点，周围还有蚊虫一样的飞行物萦绕，连红色的书名上都分布着疱疹一样的小点点，绝对够恶心、够吓人、够刺激。

不看不知道，一看吓一跳。仔细研读才发现这套书的奥秘，原来它集悬疑故事、卡通漫画、花边新闻、科学实验与爆冷知识于一体，就像一份美味的水果沙拉，其中每一块都是孩子们爱吃的。

谈疾病怎么谈，先从讲故事开始，“外星人入侵地球，结果因为感冒病菌功亏一篑”。疾病的小知识有哪些？那就先来个小测验，然后读者直截了当地记住了“鱼不会得感冒、蛆可以吃病菌”。可怕的病菌有哪些？那就公布微生物犯罪档案，逗趣的图画与简洁的文字相结合，化繁为简、一目了然。历史上那些影响广泛的传染疾病，如鼠疫、霍乱、黄热病、天花等书中都有涉及，发病的源头、人类的探索和斗争、个体的偶然事件与医学的进步都通过图文结合的形式，轻松幽默地展现出来，里面还穿插了和读者的有趣互动。最后还不忘巩固全书内容，来一个“疯狂测试”。

在嬉笑怒骂间将科普知识、科学故事、科学实验、科学过程一网打尽，原来科学是这样的趣味横生、令人着迷又触手可及。怪不得孩子们痴迷这套书，怪不得有人评价这是“给孩子最好的科学礼物”。这样又好看又耐看的书哪个孩子会不爱呢！

翻看书目你会发现这套书涉及的学科门类和专业领域十分庞杂：既有课本上的科学原理，也有身边的生活常识；既有自然界的狂野生物，也有科学史上的重大发明；既有神奇的自然探秘，也有浩瀚的宇宙星辰。孩子们好奇的、想问的，想到的、想不到的，书里面统统都有！

翻阅这些书，你会觉得自己的认知体系和知识储备受到了挑战，一种危机感油然而生，万一哪天孩子心血来潮要和你谈谈科学怎么办？为了不至于捉襟见肘、惊慌失措，家长也可以和孩子一起看看这套书，尤其是像我这样的科学小白急需补课。

真羡慕现在的孩子能有这样有趣的科普书籍可以阅读，能够在笑声中学习科学是多么幸福的一件事。

五、带着书籍去旅行

“读万卷书，行万里路”，很多家长都会利用假期带着孩子旅行，走访名山大川见识锦绣山河，度假海边见识海阔天空，游历博物馆见识历史的厚重，等等。但是旅行途中也会出现孩子对景点完全不感兴趣，甚至出现撒泼闹气的情景，那么怎么让旅行既有趣又有意义呢？带着书籍去旅行不失为一个好的办法。

去旅行之前肯定要做计划、定行程，这个时候可以让孩子参与进来，提前做“功课”，除了一些直观的视频资料外，书籍是个很好的工具。我家小朋友上一、二年级时特别喜欢《大中华寻宝记》这套书，尽管这套书人物性格偏于平面化、但是“神兽”的设计对初出茅庐的小孩子来说，觉得很新奇。这套书的好处除了有趣的漫画故事之外，还让孩子见识了多姿多彩的中国，各个省份的风土人情、山水建筑、历史文化、餐饮美食都有介绍。当然这些介绍只是提供一个开阔眼界的资料，不用强迫孩子记下来，但是没准儿哪一个点就会成为孩子心中的一个小小的“愿景”，在以后旅行时变成一个出发的理由。我曾问朋友家的小男孩儿最想去哪？他脱口而出想去海南，理由是《海南寻宝记》中有“文昌鸡”的介绍，他想亲自去当地吃一下。如果我们想带着孩子去哪个省份旅行，不妨先找这个省份的寻宝记让孩子看一看，既提供心理预期又能提供美好愿景，这样有期待的旅行孩子会觉得更有兴趣。

带着孩子去博物馆也是很多家长的愿望。博物馆很大，展品也很多，怎样才能避免走马观花，这个时候就要提前攻略，确定重点才能不虚此行。比如小朋友想去国家博物馆参观，我们提前做了准备，买了《给孩子的国宝档案》这套书，书中对国博中的一些国宝有详细的介绍。后来我们锁定了“陶鹰鼎”“玉龙”“人面鱼文盆”“四羊方尊”“后母戊鼎”“妇好鸮尊”“击鼓说唱陶俑”等十二件国宝作为参观重点。因为这套书是硬壳绘本，携带会比较沉，后来我们采用拿一个小本子做笔记的方式，简单记录下国宝的名字和年代，轻松赴国博。真正到国博发现人真多，但是因为有心理预期有重点目标，也不至于太过慌乱和仓促。十二件重点国宝看得很仔细，实物和图片相比更有厚重感，文理、光泽、细节还有那来穿越千年的历史感，让人心生敬畏。重点要看的都看完了，剩下的再随意浏览，感兴趣的在小本上记下，回家再查资料，这样从容很多，收获也很多。

出门旅行都会坐交通工具，汽车、火车、飞机等。远距离的旅行，乘坐交通工具的时间会很长，那么这段百无聊赖的时间怎么消磨呢？为了让孩子不至于太过吵闹和折腾，很多家长会扔给孩子一个电子产品，但是家长心中也会纠结和困惑，孩子安静是安静了，但是长时间看电子产品既担心对眼睛不好，又怕小孩子沉迷于小视频和电子游戏，这个时候可以尝试带着有趣的书和杂志。

旅途中看书对孩子来说最重要的是能读得进去，有趣就成了选书的首要原则。我和朋友带孩子出去旅行，最常带的就是漫画书，每家带的不一样，可以换着看。我们曾经带过《植物大战僵尸》《福尔摩斯探案集》《查理九世》等，都是时下孩子们热衷看的漫画书。

另外也可以带杂志，杂志图片鲜艳、内容庞杂，不像长篇故事那么有连续性，小孩子可以找感兴趣的内容阅读，不会有太多阅读压力。《好奇号》《博物》《万物》还有《儿童文学》等杂志我们都曾征订过，每期杂志快要寄来的时候孩子都会特别期盼，拿到手后第一时间翻阅。

给孩子准备一些有趣的书和杂志进行阅读可以应用于很多等待的时光，比如坐地铁、等公交、外出吃饭等饭菜上桌等，有事可做不仅可以让孩子安静下来，还能潜移默化地强化孩子的时间观念，等公交车的时间就可以看完一本小书，孩子会感叹原来利用碎片化的时间可以干很多事情。

有时候旅行时间长，带的书不够怎么办，我们的方法就是逛书店。基本上每去一个地方我们都要逛逛当地的书店。比如我们那次厦门旅行，因为赶上寒潮，衣物准备不足，我和闺蜜需要给孩子们买保暖的衣服，两个小朋友对买衣服一点兴趣都没有。后来我们发现在一个书店旁边有卖衣服的，我们就把孩子们安置在书店里，找到他们感兴趣的书，让他们在里面阅读。我和闺蜜踏踏实实地在旁边的衣服店选衣服，半小时过去了，衣服买好了孩子们还在看书，后来一人买了一本书才算结束。

“天地阅览室，万物皆书卷”，不仅看书是一种阅读，旅行中的见闻也可以理解为一种阅读。我们在去西宁的高铁上一直反复播放“和若”铁路（和田一若羌）通车的消息，视频既展现了塔克拉玛干沙漠的广袤也呈现了铁路工人的艰辛，这给我和孩子留下了深刻的印象。回家后，我们在中国地图上仔细研究了一下新疆。这会不会是我们旅行的下一个目的地呢，不管何时能实现这个愿望，但至少在心中埋下了一颗行走四方的种子。

读书是精神在旅行，旅行是身体在读书。带着书籍去旅行，世界因阅读而存在。如果世界本身就是一本大书，那旅行岂不是阅读世界的一种方式。

听书是读书吗?

现在很多的孩子都会利用碎片化的时间听书，有利用英文音频资料“磨耳朵”的，有利用专门的 APP 听故事的，还有利用音频分享平台听名著的等。上学路上小学生一边走，家长一边给播放着小古文；孩子吃饭或玩玩具时，家长利用视听设备给孩子播放着音频，那么我们不禁疑问，这些听来的“有声书”是读书吗？听书能代替阅读吗?

听书的优劣问题，就个人的家庭阅读经验来说，正面反面的例子都有。

关于听书，我们有过一次特别享受的经历，那就是听比安吉的《森林报》。记得当时是一个悠闲的中午，偶然间我和孩子聊起了老师布置的课外阅读书，因为买的书暂时还没到，我们索性就找到有声书先听一下。随着轻柔的音乐声响起，主播的声音娓娓道来，我们一下子就被吸引了。优美的语言、生动的描述，再配上潺潺的流水声、啁啾的鸟鸣声简直就像听一场美妙的音乐会。我和孩子并排躺在床上，闭着眼睛，一边听一边想象，直到把这套书的第一册听完了，后来发现我们足足听了一个小时的时间。

小朋友听名著的经历则给她结结实实地上了一课。小朋友一直比较喜欢听凯叔讲《水浒传》，反反复复听了好几遍。有一次她遇到了一道题“《水浒传》一百单八将谁最先出场？”小朋友理所当然地认为是武松，因为这个《水浒传》她前前后后听了好多遍，肯定不会错啊。结果答案是“史进”，小朋友表示不服气。后来我们找出原著，小朋友认认真真读了前几章才信服，而且她仔细翻看了目录发现原著还有那么多内容呢啊，她自己戏称“我原来听了一个缩减版的《水浒传》啊！”

其实就听书和读书来说是两种完全不同的活动。

听书调动的是人“听觉器官”，在听的过程中，孩子可以“一心二用”“边听边玩儿”，这和大人一边听音乐一边做家务，一边开车一边听广播性质是一样的，听书的过程是一种被动的、单项式的灌输，不需要集中全部的注意力，也不需要开动脑筋思考，很容易形成阅读上的惰性。听过的书也很容易成为“过眼烟云”，听过是听过，但是那种深度阅读带来的心灵的震撼、心智的启发和人生的思索微乎其微。而且听书很容易分散孩子的注意力，也很难培养孩子专心做一件事的习惯。

有的家长为了让孩子在短时间内读大量的名著，采取时下流行的“精华读书模式”，即通过专业人士的半小时讲解一本书的精华来达到阅读的目的，这样做看似节省了时间，实际上是投机取巧，很多书只是听了个热闹而已，真让孩子说出个所以然的时候，他是说不出来的，阅读的价值也大打折扣。同时从另外一个角度讲，每个人都是一个独立的个体，基于认知视角、个人经历、情感体验的不同对同一本书的理解会有差异，正是这些差异才体现了个人阅读的价值和意义。听人讲书，实际上是把讲述人的个人体验直接传递给了听书的人，原始文本带来的多元理解、多种阐释、多种感悟就没有了。

当然，日益多元的阅读方式、不断丰富的阅读资源，对提升阅读兴趣，提高阅读水平都是有益处的。尤其是对于年龄小、阅读能力弱的孩子来说，在无法独立阅读时，利用音频资源听书不失为一种重要的启蒙方式。对于只想想泛泛地了解某一领域或某一知识，利用碎片化的时间听书无疑也是一种比较好的文化休闲方式，因为它的便捷性、多元性为读者提供了更多可选择的空间。

就我个人的阅读体验来说，听书是一种扩展认知领域的方式。我个人比较喜欢一边跑步一边听书，书的内容比较庞杂和随意，什么领域的都有，比如《千丝万缕：头发的隐秘生活》《清洁女工手册》《树的秘密语言》《怎样才能吃得更健康》《睡眠革命》，尽管听完之后很多内容只是记得书名或者只记得自己的一些认同感，并没有深刻的印象，但是这种散漫随兴式的听书对开阔思路、扩展视野还是有一定帮助的。但是对于那些需要深入研究的领域，尤其是一些比较艰深的书，我还是会老老实实地认真阅读，不仅读还要做笔记，不仅做笔记还要进行整理并写下阅读感受。这就是需求不同采取的阅读方式也不同。

家中小朋友的听书经历也很丰富。她听得最多的是讲解版的“四大名著”，除了《红楼梦》，其他三部《水浒传》《三国演义》《西游记》都反复听了好几遍，主播声情并茂、适度演绎、代入感很强，这就像听传统评书和小说连播一样，她觉得很过瘾。另外我们还完整地听过《怪医杜立德》这套书，这个听书的版本是和原书一模一样的有声书，听完书我们还翻看了原著，感觉听原汁原味的原版书孩子还是很受益的。所以如果小孩子要听书的话最好听原版的有声书，而且听书和读书结合起来，效果会更好。

阅读方式的多元化是社会发展的必然结果。无论是听书还是读书，审视自己的阅读需求，做出合理的选择是最重要的。

四年级

友谊天长地久

畅畅：

你好！这一年很高兴看到你在交友方面的变化。原来的你一直属于那种慢热型的小孩儿，不会主动和陌生的小朋友玩耍，也不知道怎么拉近和新朋友之间的距离（其实这一点，妈妈做的也不行）。

刚上小学的时候，感觉你们小孩子的友情极不稳定：今天和这个吵架互相不搭理，明天又和好啦；被同桌气哭，后来又原谅啦；噘着小嘴不理人家，后来又一起疯玩儿啦；等等。就像你自己说的“我们友谊的小船说翻就翻”。

随着年龄的增长，妈妈发现你的朋友越来越多了。在网球课外班，你的好朋友是比你高一个年级的大姐姐；在画画班，你有一个同校不同班的好朋友；在舞蹈课上，还和其他学校的小朋友走得特别近。最最重要的是你在学校的班里有了自己的小闺蜜——姐妹三人组，你们虽然性格有差异，但爱好相同、志趣相投，看着你们互相惦念、难舍难分，感觉你找到了真正的朋友，妈妈真心为你高兴。

关于交友我本来有很多话要说，可是后来发现根本不用教，你们小孩子自己就能领悟友谊的真谛。

舞蹈课上，你的好朋友参加等级考试，需要借用你的手绢。你回家后仔细检查了手绢，发现上面的珠子要脱落，你千叮咛万嘱咐地要求我一定要把珠子缝好，并说：“妈妈，一定要缝结实了，可别影响了我朋友考级！”能够从别人的角度考虑问题，真诚地替别人着想，会获得更长久的友谊。

你的小闺蜜要过生日了，你和我商量要送什么礼物，我先入为主叽里呱啦说了一大堆，什么书籍呀学习用品之类的。后来你瞥了我一眼说：“妈妈，我觉得应该送我朋友喜欢的，而不是我们喜欢的。”你的话直接震撼到了我，没想到小小年纪的你能有这样的领悟。

你的朋友喜欢《猫武士》的书，每次都从咱家借这套书。你就雷打不动地每天给她带一本，有时候我劝你：“这样书包太沉了，不用每天都带着，那么厚的书她一天也看不完。”你很执拗地说：“她基本上一天就能看一本，我很了解她。”看来你很懂你的朋友。

宝贝儿，这一件一件的小事足以说明你懂得怎么跟朋友相处，也能交到知心的朋友，妈妈相信你以后的人生路上还会有很多的朋友。但是就妈妈的人生经验来说，关于朋友和友谊还是想和你多聊几句。

人生的路很长，我们不要奢求每个人都喜欢你，每个人都成为你的朋友，做人做事要有原则和底线，道不同不相为谋也不是什么坏事。妈妈最近在读一些历史的书，在浩瀚的历史长河中，在尔虞我诈的各种斗争中，很多时候“朋友”是和“利益”裹挟在一起的。妈妈希望你在与人交往时能够重义轻利。因为真正的友谊从来都是发自内心的关爱和认同，掺杂太多功利的友谊并不能长久。

前两天你一直在背唐代诗人高适的那首诗《别董大》：“千里黄云白日曛，北风吹雁雪纷纷。莫愁前路无知己，天下谁人不识君。”诗人高适和琴师董庭兰都处于困顿不达的境遇之中，但是高适却以开朗的胸襟，豪迈的语调把临别赠言说得激昂慷慨，鼓舞人心。在与朋友相处时要多传递正能量，多对给对方精神上的鼓励和支持。

朋友不在多，有几个知心的就好。妈妈也曾经有很多的朋友，但是经过时间的淘洗，现在妈妈的朋友不是越来越多，而是越来越少了。你也知道妈妈有两个最亲密的朋友就是苑阿姨和桂梅阿姨，为什么我们的友谊能够历久弥坚，除了我们坦诚相待、彼此关爱之外，最根本的原因是在大是大非上我们三观一致。其实我们每个人都有缺点，但是我们能真诚地敞开自己，不用顾虑后果，不用计较得失，妈妈很享受这种舒服的朋友关系。

志趣相投、坦诚相待、宽大为怀，友谊才会天长地久。

妈妈

2021年12月6日

一、永恒的经典

——《不老泉》

遇到一本好书，总会有一种冲动，一定要为它写点什么。这就像听一位不期而遇的智者布道说禅时，总想虔诚地奉上一杯清茶。娜塔莉·巴比特的《不老泉》是一本让人难以释怀的书。静寂的深夜里第一次读完这本书，我走到窗前，面对茫茫虚空，一种难以名状的复杂感受弥漫了我。阳光灿烂的下午重读这本书，明媚的天气依然拯救不了我的心绪。经典著作一读再读依然打动人心。

《不老泉》讲述了一个关于长生不老的故事。塔克一家误饮白蜡树下的不老泉水而长生不老。福斯特家的小女孩儿温妮偶然窥得了不老泉的秘密，穿着黄西装的陌生人一直在寻找长生不老的良方。当这三组人物交织在一起时，不同人物的性格和命运交替上演……

这本书字数并不多，吕明的中译本也只有不到六万字，薄薄的一本中篇小说。但是，当我们拨开故事的叙事框架，穿过语言的丛林，走进文本深处时，发现作者出色的叙事能力、娴熟的语言手法以及深沉的人生主题，都让这本小说具有了永恒的魅力。

（一）

一部经典的小说，作者首先应该是一个出色的讲述者。当我们翻开书的序幕时，一下子就被悬疑的开头和简洁的叙事吸引。

……在这种怪诞而令人窒息的天气里，人们往往会干出些日后懊悔的事来。

不久前，就在这个星期的某一天，发生了三件事。这三件事乍看起来没什么联系。

清晨，梅·塔克骑马前往林间村旁边的林子里。她每过十年就要到那里去一趟，跟她的两个儿子迈尔斯和杰西见面。

中午，林子主人的女儿温妮·福斯特终于忍不住了，决定设法离家出走。

黄昏，福斯特家门前来了一位陌生人。他是来找人的，但没说找谁……

作者把过去、现在、未来三种时间交织在了一起，“在这种怪诞而令人窒息的天气里”，是作者现在的讲述时间；“人们往往会干出些日后懊悔的事来”，是对未来结果的预设；“不久前，在这个星期的某一天”，是对过去事件的追忆叙述。时空来回交错，一下子就把读者拉入到一种神秘的氛围之中。“这个星期的某一天”“清晨”“中午”“傍晚”这些没有具体时间点的叙述又在若隐若现地提示读者这是作者虚构的一个故事，而若有所指又欲言又止的叙述方式又会让读者满怀期待身不由己地投入作者构建的故事之中。这是一个像马尔克斯《百年孤独》一样的经典开头。

作者在开头部分横切悬念、提纲挈领整个故事之后，采用了分线索交叉叙述的方式，三组人物温妮、塔克一家、陌生人交替登场。这三组人物因为不老泉交织在一起。塔克一家为了让温妮保守不老泉的秘密而绑架了温妮，温妮在塔克家感受到了从未有过的自由和温暖，陌生人以知道温妮的行踪为要挟获得了林子（里面有不老泉）的所有权。整个故事节奏明快，就像电影的分镜头一样，不同场景、不同人物来回切换，但是镜头的权重分配不一样，有的细腻、有的粗犷，叙述温妮和塔克一家时浓墨重彩，而谈到陌生人时则浮光掠影，比如在第十三章仅仅就两个自然段不到二百字。

另外，特别值得注意的是作者对素材的加工和情节的设置非常克制。这本书算上序幕和尾声一共二十七章，每一章都不长，没有壮阔的背景描述，没有冗长的细节铺垫，干净利落地讲述了一个耐人寻味的故事。整本书中最大的留白在于尾声处。故事倒数第二章的叙述还停留在温妮 10 岁时的某一天。最后尾声部分，直接跨越到温妮去世后的两年，温妮像一个普通人一样走过了七十八年的人生，这里面可以书写的故事太多，但是作者一带而过，留给了读者无限畅想的空间。

《不老泉》的故事建构就像冬日萧瑟的平原上一棵傲然挺立的老树，虽然没有长篇小说的枝繁叶茂、浩浩荡荡，但是它清秀舒朗、简洁收敛。

（二）

阅读小说就是在语言的丛林里穿行。有的小说语言其貌不扬，就像丛林里覆盖地面的小草，读者甚至会忽略它的存在，直奔有趣的故事、迷人的情节而去，在这里语言更多的是一种叙述的工具。有的小说语言本身就是盛开的花朵，你总是忍不住要驻足停留，当你读完整部小说时那淡淡的花香萦绕在你的周围久久不能遗忘，这样的语言本身就是一种文学滋养。在《不老泉》这本书中我们看到了两种小说语言的自由切换和完美融合。

阅读《不老泉》时首先就是被那些生动细腻的语言打动。那些天气、景色、环境的描写在作家笔下处处都闪烁着灵感的光芒。

> 通往林间村的小路，是很久以前被一群悠闲自在的牛踩出来的。小路蜿蜒曲折，弯度舒缓，摇摇摆摆地从最平坦的坡度爬上小山，慢慢悠悠地踱下蜜蜂飞绕的苜蓿草丛，穿过山脚的草地。小路的踪迹到了这儿就散漫地化开，好像停顿了，那应该是安详的牛儿们在慢嚼细咽着青草，陷入牧歌式的冥想吧。之后小路又恢复了清晰的形迹，终于朝林子而去。可就在快到林边的树荫时，小路突然来了个急转弯，好像牛群走到这里终于想起这是什么地方，从林边绕了过去……

一条小路在作家的笔下充满了灵性，这种巧妙地把静止的场景进行动态化的描写，在书中随处可见。“在此之前，一个星期一个星期的日子从温和的春天爬上来，而之后呢，会落入凉爽的秋季”，一个“爬”字形象生动。“所有的植物都紧护着身上的最后一滴汁液，努力要熬到雨季的来临。”“外面的黑夜似乎在踮起脚尖，屏住呼吸等待着暴风雨的降临。”“八月的头一个星期的太阳睡了一个好觉之后，又恢复了它的威力。今天仍将是挥汗如雨的一天。”这样的句子散落在文中，每一次触碰都会让人惊叹。

如果你以为作者只是善于华丽的语言表演，那你就错了。当我们跟随作者的节奏一步步走向故事的高潮时，你会忘记了语言的存在，你会担心“黄西装”怎样要挟温妮的家人，你会忧虑“梅·塔克”怎样摆脱绞刑的命运，你会惊讶 10 岁的温妮竟然做出帮助罪犯逃走的大胆举动。故事中人物的命运开始和读者息息相关，那时你脑子里的想法只有一个，往下读、往下读、一直往下读，直到故事最后落幕。

成功的作家都是语言运用的高手。《不老泉》留给我们的是一片茂密的语言丛林，在那里草地那么清新，我们可以躺在上面自由地畅想，花朵那么美丽，我们可以把它做成书签珍藏在记忆里。

（三）

如果真的有这样一眼不老泉，你会喝吗？如果你真的想喝，你会在人生的什么阶段喝呢？不同的人会有不同的回答。经典著作就是这样，它总会在你的灵魂深处悄然一击，让你深思，让你回味。

《不老泉》向我们呈现的就是关于长生不老的人生主题。对长生不老的理解和认识每个人是不同的。

费尽心机的“黄西装”一直痴迷地追寻长生不老，他甚至决定堵上一辈子的时间去寻找不老的秘密，当他知道了不老泉时，他利欲熏心，想利用泉水卖钱。书中对这个人物的刻画颇费笔墨，外貌描写、动作描写、语言描写都很细致，但是作者始终都不肯给这个人物起一个名字，只是叫他“陌生人”或者“黄西装”，这种设计充满了隐喻色彩，就像作者描述的一样“这个人看起来像一个木偶”。

其实就连误喝不老泉水、从此永远停留在固定年纪的塔克一家人对长生不老的看法也是有差别的。17 岁的杰西对生活充满着美好的幻想，他盼望着温妮在 17 岁的时候能够喝下不老泉，然后他们两个人一起周游世界，把一切都看个够，好好享受生活。经历过婚姻的迈尔斯相对成熟些，尽管有那么多的时间，他还不知道要用来干什么，但是他坚信“人既然在这个世界上占了个位置，就得做些有意义的事”。梅·塔克尽管会对发生在他们身上的事情表示疑惑，但是他还是坦然地接受了现实，“不管遇上什么，我们都只能接受，跟所有的人一样，有一天过一天”。

忧郁的塔克对生命的理解最为深刻，他深知如果人们知道了泉水的事，会像猪冲向泔水一样扑过去，会为了喝那里的水而互相践踏。他并没有觉得长生不老有多么的好，他盼望着像一个正常的人一样去经历生死。

> 生命就像轮子，一切都像轮子，不停转动，永无停歇。……死亡是轮子的一部分，就在新生的旁边。你不能只挑自己喜欢的，把别的扔掉。能成为整体的一部分，这是有福啊。……我要是知道怎么爬回轮子上去，我会立刻就去做。人不能只活不死，所以我们这种生活不能算是活着。我们只是存在，就像路边的石头一样。

在湖中的小船上，塔克对温妮说的这一番话折射出了他对长生不老的理解，而当我们读到这段发人深省的话时也会被深深地触动。

不管塔克一家对长生不老的反应多么地不同，他们长生不老的命运是无法改变的，这本书真正的主人公温妮却是可以选择的。当温妮 10 岁偶然窥得不老泉这个惊天的秘密时，她就一直面临着选择，她可以在 17 岁时喝下泉水然后和杰西一起浪迹天涯，她可以在自己青春貌美时喝下泉水永驻不老容颜，只要她愿意她可以随时去喝，因为那眼不老泉就在她自家的林子里。但是温妮没有，当我们看到温妮的墓碑上刻着“爱妻、慈母 1870—1948”时，不禁潸然泪下，温妮选择了像一个普通人一样结婚、生子、衰老、死亡，平凡地过完了自己的一生。

阅读小说很大程度上就是阅读人物的结局命运，而一部优秀的小说，主人公就是一盏灯，它不仅照亮自己，也照亮我们每一个人。当塔克站在温妮的墓前，举手行礼，大声说出“好姑娘”时，我们理解了塔克，理解了温妮，也理解了生命的意义。

经典小说就是作家精心搭建的一座房子。当我们坐在娜塔莉·巴比特搭建的小木屋里感慨万千、流连忘返时，我们相信那位 2016 年在家中与世长辞的老人在她的作品里得到了永生。尽管《不老泉》这本书收录在 21 世纪儿童文学传世佳作中，但是我相信这本书不仅仅是写给孩子的，也是写给我们芸芸众生的。就像不老泉文库的扉页上所写“献给静享阅读的你——无论你是孩子，还是和这些书擦肩而过的曾经的孩子”。

二、听入迷的故事

——“怪医杜立德”系列丛书

一只大白鸭是他的管家，250 岁的鹦鹉是他的军师，美丽绝伦的极乐鸟为他传递消息，爱冒险的猴子千里迢迢从非洲跑到英国去看他。这就是大名鼎鼎的怪医杜立德，一位心肠仁慈、优雅和蔼的胖绅士，一位能和动物进行交流的博物学家。

杜立德医生是个传奇人物，他精通数十种动物的语言，救助了各种各样受伤的动物。他让一只斗牛犬登上法庭辩护，成功地阻止了一场诬陷案；他在激烈的斗牛场上说服愤怒的公牛，并制止了岛屿上的传统斗牛节；他甚至努力学习贝类的语言，希望能揭开人类过去的历史；他带领队伍，船行大海，前往蜘蛛猴岛，被土著拥立为国王，随后又弃冠而去，随巨型海蜗牛去探索海底的秘密。杜立德的故事充满了奇幻、冒险和令人狂热的想象，每一个接触故事的人都会被深深吸引，不管是大人还是孩子。

“译文有声，把世界读给你听，欢迎收听由上海译文出版社出版的《怪医杜立德》，作者美国的休・洛夫廷……”，我们最初接触杜立德的故事是从这样的声音开始的。音频版的《怪医杜立德》完全忠实于原著，低沉轻柔的背景音乐下，专业的播音员用书中小男孩儿的口吻为我们讲述了一位与众不同的怪医生和他的奇特冒险之旅。

这是一个完全没有减缩、演绎、解读的原汁原味的听读故事，连“我问”“他说”“我回答”这样在对话时不必提示，只有在书面文本中才出现的词也都读了出来。忠于原译本的方式不仅让我们感受到了原著的魅力，同时又因为专业播音的加持，让故事更加的鲜活和生动。这个音频我和孩子一起听了不下五遍，有的情节我们会彼此对望、会心一笑，有的桥段我们会叽叽喳喳地议论一番，有时候我们还会互相提示预测情节。两个人因为一个共同的故事有了很多亲密话题和别人不能理解的小秘密。

“怪医杜立德”系列丛书自 1922 年问世以来，吸引了一代又一代的读者。尽管时代和语境都发生了很大的变化，但是没人能抵挡通晓动物语言的怪医杜立德的魅力。故事折射出来的趣味性、知识性和思想性足以让它成为世界儿童文学史上的典范之作。试想哪个孩子不幻想着能跟动物对话，哪个孩子不期盼着奇幻的冒险旅行，哪个孩子不希望坐在海蜗牛的壳里去海底探险。故事中不仅有恣意飞扬的想象，还涉及大量的历史、地理、生物、天文、航海等方面的知识，这些都是滋养孩子的阅读养料。

光听书还不过瘾，我们还专门去图书馆借了纸质书。“怪医杜立德”系列丛书的版本很多，有简缩本和注音版等，翻译也有差别，尤其是人名、地名差别有点儿大。因为对听过的故事太过熟悉，小朋友只要看一下开头的第一段就能分辨哪本书和我们听的是一样的。

这一系列十二本书，我们也都翻阅了一下，最好的一本就是我们听的那本《杜立德医生航海记》，书中利用大量的细节铺排出环环相扣的情节和悬念，更彰显了典范儿童文学的特性。怪不得这部书获得了纽伯瑞儿童文学金奖。

另外，阅读纸质书时我们发现了两个有趣的细节。

一是书中的插图（所有插图都是作者休·洛夫廷本人所画）散发出来的天真幽默、纯真浪漫的气息。这些插图，要么是定格书中的某一场景，要么是突出某一关键人物，都是黑白线描画，动物轮廓清晰，人物表情模糊，风格非常独特。当看到胖胖的杜立德医生戴着王冠、披着斗篷、撅着屁股捕蝴蝶的图画时不禁让人莞尔一笑。

二是封底的推荐语。“任何一个孩子，如果没有机会认识这位胖胖的、和蔼可亲的、乐观积极的医生兼博物学家以及他所有的动物朋友，他就会失去一些重要的东西。”这是英国著名动物学家珍妮·古道尔的推荐语。珍妮·古道尔的名字让我和孩子都有似曾相识的感觉，后来仔细想了想，在幼儿时期我们读过一本书《我……有梦》。这是一本根据珍妮·古道尔博士的生活逸事创作而成的传记绘本，我们还记得里面有一张真实的照片让人印象深刻：一只小黑猩猩主动伸出手友好地和古道尔博士握手。这正是文学世界与现实世界的呼应。不仅文学作品中有能聆听动物语言、帮助动物摆脱困境、和动物和谐相处的杜立德医生，在现实世界中也有自然环保志士珍妮·古道尔。

著名儿童文学作家梅子涵先生曾说：“经典童书里的不朽气息是盖得住你全身的毯子，不仅温暖，还能映照。”“怪医杜立德”就是这样的童书，不管是小读者还是大朋友都会心甘情愿地投入精彩奇妙的故事世界之中，同时也会让我们思考人和人之间、人和动物之间、人和自然之间到底应该怎样相处，我们应该怎样理解和呵护每一个生命。

三、别样的生命教育

——《马提与祖父》

孩子们需要什么的样的生命教育，我们又该怎样面对告别和离开，一本薄薄的小书给了我们最好的答案。国际大奖小说《马提与祖父》用温馨动人的故事诠释了文学抚慰心灵的力量。

书一开篇就是躺在病床上奄奄一息的爷爷和一群悲痛欲绝的家人，然而“死亡的阴影”并没有弥漫开来。从第二章开始，在虚幻与现实的生死交界处，爷爷突然开口邀请 7 岁的马提去散步。于是马提与祖父开始了一段奇异的旅程：他们漫步田野，在小溪抓鱼；他们登上钟楼，远眺黄绿相间的田野；他们一起穿过大片大片的向日葵林；他们捕获一匹半白半黑的小马……

伴随着悠闲惬意的散步，爷爷一点点地在变小，从正常高度到跟马提一样高，再到只和洋娃娃一样大，最后被马提吸进身体里，爷爷完成了自己的告别仪式，马提也在散步和玩耍中长大。

这是一本包括插图才仅仅四万字的小说，没有充满悬念的细节

和激烈的冲突，整体散发着恬淡和散漫的气息。

小孩子读这本书读到的是有趣和奇幻，“竟然有半黑半白的马，竟然可以用一个苹果驯服小马，手心里竟然有藏宝图，竟然能偶遇海盗”，这就是初读这本书时我家小朋友的反应。书中孩子的视角、孩童的心理、童年的游戏都很契合小孩子的审美需求，慈爱的爷爷用游戏和陪伴完成了祖孙的告别之旅。“爱的人永远活在我们的心中”，书的最后一章用这样的标题点名了全书的主旨，马提也用“是的，我懂”这样的语言释放了自己的困惑和不安。

就成人阅读来说，掩卷合书的那一刻心灵会微微一颤。这是一本充满哲思的书。奔腾的河流、掌心的世界、蜕变的空壳都是对生命的隐喻。在祖孙散步的过程中，祖父也在不经意间传达给马提很多人生的理念，关于得到和拥有，勇气和希望，爱与被爱，等等。

当我们越渴望得到某件东西的时候。我们反而得不到它。

没有东西是你能百分百占有的，你只能占有他们的一部分。

那些不属于我们的部分呢？那些属于这个世界。

在孩子身上我可以找到最好的安居之所。

小孩子可能读不出里面的深意，而作为有一定阅历的成年人，你会明白这些对话背后是一个阅尽沧桑的老人对生命和存在的理解、对儿孙的惦念和嘱托。

这是一本让我深深感动的书。记得上一次有这么深的触动还是孩子幼儿时期一起阅读绘本《象老爹》，当时初为人母的我见不得生命的消逝和别离，无法排解的忧伤和感动让人潸然泪下。而后接触了很多类似主题的书籍，比如《当我离开之后》《天蓝色的彼岸》等，本以为这些生命之书能让我更加坦然和淡定地谈论生死别离这样的话题，后来发现我不能，文学总是有直击心灵的力量。就像梅子涵先生所说："阅读这样的书，我总是吃惊。我会一下子跌坐进那巨大的才华中，不能动弹。这是一种才华分外亮眼的书，让你看见的是文学的高空。"

不谙世事的小孩子还不能理解这种生命告别的意义，但是在成长的某一天或者某一个点她会明白这本书会给人带来多么大的安慰。告别和离开是每个人都要面对的人生课题，这本书能接住你的困惑、忧伤和悲哀，并将离别的创伤用爱缝合！

四、不一样的魔法世界

——J.K.罗琳《平安小猪》

疫情之下岁末年初，生活依然在无休止的核酸检测和谨小慎微地消毒隔离中前行。然而一本书的出版给刚刚步入 2022 年的我们带来了一份温暖和慰藉。作为这个时代杰出的故事讲述者——J.K. 罗琳带来了她的新书《平安小猪》。

与“哈利·波特”系列丛书错综复杂的人物、恢宏庞大的叙事、拯救世界的宏愿不同，《平安小猪》讲述了一个孩子拯救自己心爱的玩偶的故事，叙事轻巧又温情。

小男孩儿杰克有一个心爱的玩偶小猪嘟嘟。在父母离异、家庭重组的动荡变故时期，杰克的新姐姐因为忌妒故意弄丢了嘟嘟。杰克伤心欲绝，尽管收到了一只作为补偿的、一模一样的玩偶——平安小猪，可他觉得新小猪什么都不是。平安夜，充满奇迹的夜晚，万事万物甚至玩具都会获得生命，平安小猪也不例外。杰克和作为替补出现的平安小猪，一起勇敢地踏上了寻回嘟嘟的旅程……

罗琳一开篇就用很长的篇幅叙述了男孩儿杰克的生活背景和成长经历，尤其详细地叙述了玩偶小猪嘟嘟对杰克的重要意义，这个玩偶是男孩儿的“依恋物”，是孩子抚慰心灵、不可替代的忠实伙伴。小朋友阅读时很容易有情绪的代入感，会很自然地联系到自己的心爱之物。阅读此书的家长也会深深地叹服，小孩子那些翻滚的愤怒、不屈的执念和难平的委屈，罗琳都敏锐地捕捉到了。我们深信在生活中罗琳肯定是个好妈妈，那种对孩子的了解只有当过家长的人才能深深体会。

故事的主体部分是魔法之夜的奇幻历险。为了找到嘟嘟，杰克毫不犹豫地和平安小猪踏上了寻找的旅程。他们从分转厅、废弃镇、需要镇，再到尘封荒原、思念城和挚爱岛，杰克和平安小猪经历了各种各样的磨难，也见识了各种各样人类丢弃的物品，甚至连人类内心抽象的感受也都拟人化了，像原则、野心、乐观、希望、幸福等。在整个冒险的过程中，杰克和平安小猪结下了深厚的情谊……

阅读这本书让小朋友想起了自己的心爱之物丢失的经历。我家小朋友的依恋物是一个柔软的小黄单儿（实际上就是一块儿黄色的布）。孩子小的时候吃饭、睡觉、玩耍，这个小黄单儿简直和孩子形影不离，这和书中杰克和嘟嘟的情况简直一模一样，我们外出旅行的时候，这个心爱之物丢在了外地的旅馆里，当时我们费尽周折也没有找回来，孩子闷闷不乐了好几天，后来买了一个一模一样的才算缓解了孩子的情绪。几乎每个孩子都会有一个“恋物”的阶段，罗琳从儿童最细腻也最私人的情感体验出发，发挥奇幻的想象力创作了平安小猪的故事，可以说她是用一种更亲近、更温暖的魔法安抚了孩子们。

如果说阅读“哈利·波特”系列丛书需要孩子有一定的文字基

础和心智承受能力的话，《平安小猪》则是对低年龄段孩子的召唤，简约的语言、流畅的叙事、单纯的故事很容易让孩子共情，这也是一本很适合为孩子朗读的书，爸爸妈妈搂着幼儿亲子阅读也是一个心灵疗愈的过程。

罗琳在致谢中说，《平安小猪》是她酝酿多年的作品，它始终贴近内心最柔软的地方。的确，不管是物品还是生命，失去挚爱都是人生的软肋，但是每一份爱都会有回响，勇气和希望会带来奇迹。暗藏在魔法故事里的哲理，其中的深意随着孩子的成长会体味得更深。

五、“猫迷”读“猫书”

小朋友一直想养猫，但是鉴于以前养各种活物的经验（我家养过小鸡、鸭子、兔子、小鸟，最后每一个都结局悲惨），我坚决不同意，理由很充分，“妈妈有严重的过敏性鼻炎绝对不能养”，每次说起这件事她都郁郁寡欢，爱而不得怎么办，那就从书中获得乐趣，就这样我们开始了“猫迷”读“猫书”的生涯。

我家的猫书主要分为四类：一是图鉴科普类，比如《猫（世界名猫图鉴）》（日本日贩 IPS 编著）、《猫的家族》（［德］尤塔·奥华斯著）；二是文学故事类，如《猫的风工厂》（［日］水野良惠著）、《黑猫珍妮》（［美］埃丝特·埃弗里尔著）、《猫武士》（［英］艾琳·亨特著）、《猫的九故事》（［日］夏目漱石等著）；三是历史普及类，如《如果历史是一群喵》（肥志编绘）；四是艺术鉴赏类，如《肥猫艺术课》（［俄］斯韦特拉娜·彼得罗娃著）、《遗失了一只猫》（幾米著）、《四季猫影》（喵呜不停摄影）。

图鉴科普类的书直接强化了小朋友对猫的认知，从猫的历史到猫的种类，从猫的生活习性到养猫需要的物品她都有所了解。最初我还以为小孩子读这些书只是三分钟的热情，仅仅是喜欢猫、关注猫而已。真正撸了一次猫后，我对这个小朋友开始刮目相看。

挚友家新养了一只小猫邀请我们去她家撸猫。见到可爱的小猫咪，大人和孩子都很兴奋，挚友热情地介绍自己家的猫是美国短毛猫。逗玩儿了好一阵子后，我家的小朋友开始发挥她的知识体系："阿姨，我觉得您家的猫不像是美国短毛猫，而是银渐层。"这孩子一张口吓了我一大跳，短毛猫我还算听说过，什么银渐层我连知道都不知道，看来那些猫的科普书真是认真看了。然后这个小孩儿就开始和挚友讨论怎么养猫，猫需要的猫抓板、猫爬架，怎么撸猫，猫会觉得舒服等，两人相谈甚欢。最后挚友打趣地说："关于猫的知识这孩子啥都知道，就是生活中缺少一只真正的猫。"

文学故事类书里小朋友"中毒"最深的是"猫武士"系列，看了一部又一部，七部曲四十二本都看了，那叫一个痴迷，最后连番外篇我们都买了。那一阵子我们的生活都受到这些书的影响。小朋友最爱在小区里寻猫，要是看到野猫总会悄悄地跟踪，然后神秘地说它们会不会有自己的营地（《猫武士》中每只猫都会有自己的族群和营地）。后来就是自娱自乐地创作猫族人物，名字、毛色、特长样样都有，她还煞有介事地一边画一边编故事。

"猫武士"系列书中我仔细看了首部曲，故事确实写得不错，书中的猫既具有野性也具有人性，惊险刺激的动物冒险故事中还伴随着一些魔幻色彩，故事传递出来的生存、智慧、忠诚、勇气、善良等深刻内涵很有成长小说的特点，值得孩子们阅读。可是作为家长我还是要大声疾呼，文学故事书写这么多本也太长了吧，我家的

书架上整整摆了两大排，太占空间啦！

小朋友对历史类的猫书《如果历史是一群喵》的喜欢完全是另一种类型。那是一种细水长流的爱。拿出来翻看一阵子，然后放起来，哪天想起来又翻看。一、二年级的时候喜欢里面的附录、角色介绍还有人物的房间，并且喜欢照着里面的萌猫临摹。三、四年级以后随着知识面扩展特别关注书的续集什么时候出？只要发现又出新篇章了就要买一本。有时候还会把书中的内容和现实的关注进行连接。比如语文课上学到杜甫的《闻官军收河南河北》时会翻翻安史之乱的情节。电影《满江红》上映时，会看看岳飞那一部分。

用萌猫的形象演绎历史人物，用漫画的形式书写中国历史，《如果历史是一群喵》视角独特又讨巧，在诙谐、幽默中将中国历史描述得鲜活有趣，同时又以条目的形式旁征博引各类专业史书，既具有可读性又不失专业水准。这套书对小孩子普及基本的历史知识还是靠谱的。用漫画的形式推开历史的大门，展示历史生动有趣的一面，小读者在津津有味的阅读中一定会读有所得。

艺术鉴赏类的猫书小朋友读得比较随意和散漫，主要是以看图为主。《肥猫艺术课》这样的书带给我们更多的是惊奇，名画与猫咪的结合让人有脑洞大开的感觉。其实所有的猫书中都会有猫的图像，要么是写实的影像，要么是艺术的创作，这些生动的形象带给那个痴迷猫咪的小孩儿很多的启发和灵感。

小朋友最热衷地是自由发挥和实践操作自己的“艺术作品”，用彩泥捏猫和用彩笔画猫是日常生活中最爱干的事。听着故事或音乐潜心捏猫在她看来是非常享受的事情。我家用彩泥捏的手工猫就有一大箱子，不下上百只，各种形态、各种颜色、各种大小的都有，看着这些作品不禁让人惊讶孩子的想象力。画猫就更别说了，整整画了好几本，目前还在锲而不舍地画。把自己和好朋友都想象成猫，画这些猫的日常生活，有学习、有旅行、有去外星球探险，还有猫咪的服装秀等，可以说一只猫满足了孩子的所有想象。

在字里行间自在畅游，在图文合奏中不停穿梭，这个小朋友在猫书中忙得不亦乐乎。阅读让人生丰满而温暖，在生活和书籍的互文和共鸣中见证单纯的快乐和成长的力量。

爱读就一定会写吗?

——关于阅读与写作的问题

进入小学高年级阶段后，很多家长都会有这样的困扰——虽然孩子读了很多书，但是一到写作文时就头大，吭哧吭哧半天也写不出来。写作文也成了不少父母的焦虑之一。读与写之间有着怎样的联系，怎样做才能既爱读又会写呢?

首先要明确三件事。

第一，读和写是两种完全不同的能力。阅读是通过视觉材料，包括文字、图片、符号等获取信息，是一个输入的过程。写作是运用语言文字把自己心中所想表达出来，是一个输出的过程。

读和写联系紧密。阅读是写作的基础，阅读量大的孩子，因为头脑中积累了丰富的词汇、素材，语言组织能力往往比较强，在学习写作文上会比不爱阅读的孩子轻松一些。也正是因为很多家庭意识到了阅读对写作的重要性，所以非常重视阅读。但是很多时候家长往往用力过猛，在阅读时给孩子布置很多附加作业，比如摘抄好词好句、写读后感等。这些附加作业，反而使很多孩子对阅读产生了恐惧，不仅写作文没啥进步，阅读也没了热情。

第二，写作文和写作是两码事。写作文是语文课堂教学和应试考试的硬性要求，对孩子来说是一种被动完成任务的行为。写作是作者主动表达和分享自己的思想情感、个人观点。动机不同，行动效果也就相差很多。为什么好多孩子作文写不出来，就是因为这个被动的任务没有找到主动表达的契合点。所以孩子写作文时首先要强调的是把自己的真实情感和个人观点写出来，而不是硬着头皮完成任务。

第三，写作是个技术活儿，需要反复地实践和练习。为什么孩子们觉得写作文难，因为写作本身就是一件很难的事，这比学会加减法、学会写汉字要难得多。小孩子从一开始不知道怎么写，到后来能写得文通字顺需要一个很长的过程。另外还要明白写作是要讲一定的技术和方法的，怎么开头，如何结尾，怎么组织语言，如何规划内容，等等。这些在语文课堂上老师教授孩子的作文的方法，需要反复地实践和体会，不是一蹴而就的。

“读书破万卷，下笔如有神”，阅读有益于写作，那么怎么有效地衔接阅读和写作呢！下面以写读后感为例进行说明。

第一步是阅读分享。如果一件事情特别有趣，孩子会有分享的欲望。阅读到一本有趣的书也会是这样。我们家的小朋友有一段时间特别地迷恋不老泉文库中“梅伦迪四姐弟”丛书，这孩子跑到厨房，在我屁股后面噼里啪啦地诉说故事中的情节。这是一个孩子主动表达的过程，这个时候家长要做的就是倾听、对话和记录。

分享可以有很多种方式，口头表达、书面文字、图画输出等。最简单、最直接、最有效的方式就是口头表达。把自己的感受和想法，自己感兴趣的部分表述出来，这个过程孩子的大脑其实是在飞速地旋转，组织语言、筛选材料、表达输出等，从写作的角度来说这其实就是在打草稿。这种口头分享比让孩子用文字表达更容易也更真实。很多孩子写出来的读后感，往往就是网上搜索到的范文的翻版，看起来像模像样，其实就是空架子，缺乏真实的感受和理解。

很多家长会问，孩子表达是会表达，但是真正的写作文是落实到书面文字的，这个怎么提高呢！这就涉及第二步，怎么让孩子把口头表达转化成书面文字。孩子小的时候书写能力往往有限，尤其是对汉字这种笔画繁复的文字来说，小孩子更是觉得困难，很多孩子怕写作文很大一部分原因就是怕写很多字，尤其是小学低年级阶段，好多要表达的字还不会写。这个时候家长可以多做一步，就是在孩子表达的时候用语音录下来。表达时要给孩子充分的自由，怎么说都行，不必在乎遣词造句，不必在乎方言土语，甚至前言不搭后语也没关系，这个过程孩子因为没有书写的压力，往往更放松也更容易表现最真实的情感。录完之后转化成文字你就会发现一篇读后感的初稿已经成形。

第三步是改稿。家长可以和孩子一起改。先把语音录的内容打印出来，然后和孩子一起探讨。亲身实践你会发现改稿是一件非常有趣的事情。小孩子会好奇自己到底说了什么，这里面会有各种各样的语法错误、因为同音词造成的语言笑话还会夹杂口语表达中出现的生僻字等，这些生动的材料往往会有出其不意的效果。改稿的过程中可以渗透一些写作的技法，怎么让开头更吸引人，怎么让句子更通顺，怎么让结构更合理等。另外改稿也是一个语文综合学习的过程，可以扩大识字范围、可以渗透语文知识，甚至可以复习语文课本上的校对方法等。稿子改完了，如果是需要上交的作业，直接让孩子把定稿誊抄一遍就行了。我手写我心，这样孩子在没有太大压力的情况下轻松地就完成了任务。

另外，前面提到的通过阅读积累好词好句来提高作文水平的问题，其实我是持保留态度的。好词好句可以积累，只要孩子不反对，熟读好词好句确实没有问题，在我个人的阅读历程中也有过摘抄好句好段的经历，当时觉得那段文字实在是写得太好了，有必须记下来的冲动。但是这种事情不能强迫，如果孩子觉得有的地方确实打动了自己，需要记下来就可以摘抄下来。但是我们要明白好的文章是一个整体，是作者思想和技巧的综合产物，好词好句当时写出来时都是有特定的语境和语气的，单纯的记下只言片语，并不一定能体味到其精髓。

通过持续的阅读，那些美妙的表达会沉淀到记忆的深处，在写作和运用时会自然而然地浮现出来。但是我们不能过分强调作文中都要有好词好句，尤其是在孩子学习写作的初期阶段，只要能够相对准确地运用语言，能够清晰地表达自己的感受，就是值得鼓励的。

五年级

疫情之下，见字如面

畅畅：

你好！我们已经两周没见面了，因为新冠疫情的影响，妈妈作为高校教师需要在学校里闭环管理，不能出校、不能回家，吃住都要在学校，这也就造成了我们短暂的分离。这期间你和爸爸一直在家，爸爸居家办公，你居家上网课。

这段日子我们虽然没有见面，但视频通话也不少。疫情三年，我们的生活发生了很多变化：出门口罩必备、出行地区受限、每天健康码打卡、停课复课等。网上说一代人有一代人的使命，一代人有一代人的长征，这个世界不确定的因素在增加，你们这一代人不知道要经历怎样的“长征”。

每年的六一儿童节都要给你写信，今年的这封信写得有点儿早，但是感慨却特别多。一方面，因为你已经10岁了，就心智和接受能力来说已经属于大孩子了，我们可以一起讨论一些重大的问题；另一方面，这一年世界发生了很多变化，在各种信息无孔不入的今天，我们每个人都不能置身事外。

从年初开始，我们每天早晨都用新闻叫醒耳朵，早饭时间听这个世界发生的“大事小情”，很有代入感。有时我们会为科技的发展兴奋，有时会被普通人的悲欢感动，更多的时候则是沉默，战争、饥荒、疾病、灾难在各地频繁上演，这就是我们的世界。

宝贝儿，人类的悲欢是相通的，妈妈希望你能有悲天悯人的情怀。前一段时间我们持续关注了飞机失事空难事件，当听到报道说找到了飞机的残骸，现场惨烈。你下意识地跟我说：“妈妈，咱们以后还是少乘飞机吧！”尽管飞机失事是小概率事件，但是对于乘坐那班飞机的人来说却是生命的戛然而止，他们是谁的至亲，又是谁的挚爱，每一个人背后又是多少个破碎的家庭。在历史的长河中，虽然个体都是渺小和微不足道的，但是每一个生命都值得被尊重和关爱，希望你能从更广泛的意义上理解生命的价值，并报以感同身受的体谅和认同。

宝贝儿，妈妈希望你能有广阔的视野和开阔的胸怀，既能从浩瀚的历史文明中汲取力量，又具有放眼未来的眼光。最近你很迷《神奇图书馆》里苏轼的故事，几个年龄和你相仿的小朋友穿越到宋代，见证了苏轼求学、入仕的经历，现在故事只更新到了苏轼的青年时期，这时的苏轼才华横溢、意气风发，你听着那些津津有味的趣事会忍不住咯咯地笑起来。

其实苏轼的一生颠沛流离。我们一起看过一段苏轼人生轨迹的视频动画，一匹白马驮着苏轼跑遍了大半个中国，数次被贬又数次启用，既有长途跋涉也有锒铛入狱。当时我们还开玩笑地说“这匹驮着苏轼的马快累死了”。有趣的是，你的关注点和妈妈的工作还有交集，在你迷苏轼的时候，妈妈校对的文稿里也有一篇关于苏轼的，里面记载了苏轼被贬徐州时抗洪保城之事，我还专门让你看了看这篇稿子。苏轼作为名垂青史的人物，不仅仅是文学家、书法家和画家，他还是政治家和美食家，他具有高贵的品格，不管被贬到哪里都会建功立业：外调杭州，他主持修建苏堤；被贬定州，他赈济灾民；放逐海南，他修建学堂；等等。苏轼的粉丝可不止你这个10岁的小小少年，许多的名人、大家也都是他的粉丝，关于苏轼的传记也很多，你感兴趣的话可以看一看，希望你能体味这是一个多么伟大的灵魂。

宝贝儿，妈妈希望你能有自由之思想、独立之精神，既能看到马路边盛开的紫花地丁，也能听到隆隆炮声下的孱弱哭声。近两年，世界各地冲突不断，我们都没有亲身经历过战争（我希望我们此生都不要有这种经历），对战争的概念是模糊的。但是伟大的著作能够让我们管窥战争的本质以及对人性的伤害。妈妈在学校闭环管理这段时间，读了一些关于战争的书，比如奥地利作家茨威格的《昨日的世界——一个欧洲人的回忆》、德国精神分析学家弗兰克的《活出生命的意义》，还看了电影《辛德勒的名单》《我们的父辈》，不管是书还是电影都让我深深的震撼，战争带给普通民众的就是无尽的灾难和伤害。当然这些对你来说有些深奥和艰涩了，但是妈妈想告诉你，这个世界与我们每个人都息息相关，我们要学会不被别人的观点裹挟和蛊惑，对任何事情都要有自己独立的判断。

宝贝儿，这个世界有波光潋滟的美好，也有层峦叠嶂的真实，妈妈希望你活出最好的自己，有能力为这个世界创造价值。

妈妈

2022年5月10日

一、生活在书中

——《沐阳上学记》

有人说生活在别处，有人说生活在巨大的差距中，我要说的是生活在书中，因为书中的那些故事就是每个家庭正在上演和即将上演的戏码，书中的人物就是你家对门的熊孩子、就是你身边神经兮兮的宝妈朋友，甚至就是躺在床上一边后悔一边反思的你自己。这就是《沐阳上学记》，一部生动的家庭教育故事文本。

《沐阳上学记》很特别，特别到都不好给它定性到底是一部什么样的作品，文学的生动与诗意、故事的纪实与虚构、情感的真实与反思混搭在一起，让人耳目一新的同时，又感觉似曾相识。

故事文本首先由欢快、明亮的“童诗现场”引入。“沐阳，就是一个普普通通的男孩儿 / 每天都有真实的烦恼 / 就像一只没有睡醒的刺猬 / 颠三倒四的毛刺，嘟嘟囔囔 / 噢，还有嘴角边的饼干屑和米粒儿 / 气哼哼的，一会儿高兴一会儿忧伤……我发誓，他们的故事都是新的 / 冒着热气，就像木头上 / 刚长出来的快乐得发疯的

黑色耳朵 / 就像十月份刚出锅的糖炒栗子 / 热烈地鼓着微微裂开的肚子 / 喷喷香地在灯下闪着油光……”最初读到这些童诗时我眼前一亮，多么生动活泼的语言，多么自然明快的韵律，多么鲜明的儿童视角，就像刚出锅的毛豆，翠绿、新鲜，一下子就吸引住了读者。往后读才发现，这些极富语言张力的儿童诗，不仅仅是暖场的开场白，还是铺垫和引子，为后面故事的开展营造趣味和悬念。

接下来的部分是“沐阳讲述”。一个叫李沐阳的小男孩儿以口述的方式，讲述自己的生活，他东拉西扯，喋喋不休，学校中的老师、同学，家庭中的老爸、老妈，生活中的伙伴、朋友都是他描述的对象。儿童的语言加上孩子气的小心思让我们真实地触摸到了儿童的思虑，小小的脑袋瓜里藏着一个大大的世界。

第三部分是“老妈日记”。当沐阳妈妈噔噔噔打开日记本，刷刷刷书写时，我们看到了各种角色的混成一体，纠结不已的妈妈、小题大做的妈妈、杞人忧天的妈妈、困惑焦虑的妈妈、时刻反思的妈妈……最终都指向一个实事——我们都是不够智慧、不够淡定、不够完美的凡人妈妈。这些札记是“一个母亲和孩子一同跌跌撞撞成长的心灵独白，也是无数叠加的困惑、忧虑和欢欣的凌乱脚印”(《沐阳上学记》后记）。

童诗、故事、日记就这样混搭在一起，让我们很难定义这是一部纪实文学作品还是一部成长小说，但这又有什么关系呢！作家对生活的观察和表达，文本背后的人情和事理才是最打动人心的。

《沐阳上学记》用六十一个文本记录了孩子的成长轨迹，每一个有小学生的家庭都能在这个轨迹上找到对应的点和线。共鸣和共情是这部作品给人的最深感受。孩子的可爱与可笑，母亲的慈爱与焦虑，教育的困惑与纠结，都融入一个个故事文本中。每天上演的起床大战、小朋友间的矛盾和纠隔、班干部的选举、男生女生的那些事等，这些零零散散的故事就是当下儿童的真实生活，小朋友们阅读这套书时能够感同身受，找到自己的影子。上不上奥数班、练不练琴、考不考级、出不出国，这些纠结和困惑是目前中国教育的难点和痛点，如果家长找不到方向和思路，可以阅读一下这套书，作者的反思和觉醒也许会带来一些思考和启发。

就个人的家庭阅读来说，这套书给我印象最深的就是“熊孩子近视了”的相关章节。当时我家的情况简直和书中一模一样。在学校例行的视力检测中，小朋友的视力严重下降，医生给出了警告通知。我一下子就陷入了精神紧张和深度自责中。小朋友一直爱看书，她陷入阅读时往往不分时间地点，不管光线明暗，不顾姿势仪态，而最重要的是作为家长的我没有及时地纠正和提醒。在这种高度焦虑的状态中，我们尝试了各种方式治疗近视，每天中午去中医理疗馆薰眼睛，每天晚上对穴位进行物理按摩，每天提醒孩子要多望远、多做眼保健操，然而所有的努力都收效甚微，半年后的检查孩子的视力依然下降得很快。当时的那种无助和无奈几乎让我崩溃。“每个家长都有失控的时候吧！”《沐阳上学记》“老妈日记”里的这句话一下子击中了我，瞬间破防。面对孩子近视的问题，原来那么多的家长和我一样惶恐和焦虑，甚至本书的作者沐阳妈妈孤注一掷，为了治眼睛直接让孩子休了学。文本中的描述抚平了我的焦虑，也带给我很大的启发，很多的建议可操作可践行，这就是书籍抚慰人心的力量。

本书的作者萧萍老师说：“《沐阳上学记》的意义首先是私人化的。”的确，这是一部儿童成长的私人文本，作者亲近地观察和记录了一个孩子的生命成长，追随现实的步履进行了共时性写作。

这套书的价值不仅仅是这些，把它定义为中国家庭教育的范本也不为过。在教育内卷越来越严重的今天，我们该怎样与孩子沟通和相处，我们该怎样做父母，我们的教育该何去何从，都是令人深思的问题，虽然书中并没有给出标准答案，但是它提供的样本，它的有益尝试和深度反思都具有十分深刻的现实意义。

二、由《长安三万里》引发的江湖阅读

《长安三万里》是这个暑假最热门的电影，7 月 8 日上映后几乎引爆家长朋友圈，我们是 7 月 13 日去看的。当时我和小朋友人在西宁，定了离酒店最近的影院。人生地不熟，影院很小，寻找入口还颇费了一些周折，但是电影很完美。李白、高适、杜甫、王维、贺知章、王昌龄，那些躺在历史书、教科书中的人物从耳熟能详的人名变成立体生动的形象时总是能引起一片惊呼，尤其是活泼可爱的小杜甫出现时，大家更是惊喜一片。少年时被“全文背诵”命令囫囵吞下的诗句，瞬间被激活，影院成了大型背诗现场。

看完电影后，小朋友豪情万丈，主动请缨要背诵《将进酒》，于是酒店的房间里四处弥漫着古典诗词的余音——“君不见黄河之水天上来，奔流到海不复回。君不见高堂明镜悲白发，朝如青丝暮成雪……”。其实诗中的好多名句她都知道，系统背诵时才发现，原来这么多的名句都出自这首诗啊！另外她还有一个比较深刻的认识：古典诗词的背诵其实比现代文背诵要容易。诗词读熟之后，朗朗上口、对仗工整、铿锵有致很容易背诵，即便是某一句忘记了，

提字知句，稍微提示一下就能想起来。现代文中有很多的修饰语和语气词，理解起来容易，背诵的时候细节往往容易出错。

《长安三万里》后劲儿很大，小朋友一拍脑门儿想了解一下“安史之乱”，老母亲喜出望外，正好安排一个主题阅读。从西宁回到保定后，我和小朋友专门拿出半天的时间整理家里的相关书籍，我们戏称这是由一部电影引发的江湖阅读。

先找出来的是三套历史类的书。

第一套《幼儿趣味中国历史绘本》（全十册），这套书是孩子刚上小学时当作儿童历史启蒙书买的。整套书图多字少，是适合低幼阶段孩子的绘本。书中历史脉络清晰简单，兼顾了趣味性和知识性，可读性很强。刚买来时小朋友翻看了好多遍，感兴趣的几个分册都已经有卷边和折痕了。这次再拿出来翻看时，小朋友觉得有点儿简单了，尤其找到“安史之乱”的章节时，书中仅仅用两页几小段文字就介绍完了，她觉得不够详细。

第二套《写给儿童的中国历史》（全十六本），这套书买的时间也挺长了，但是阅读率不高，这次重点找出了唐代分册，小朋友仔细阅读了一下。书中色彩鲜艳的插图很多，还有一些出土的陶俑、壁画等文物图片，看着那些图片我们理解了为什么电影中英姿飒爽的人物都是五五分的身材了，原来这就是唐代人物的造型特点和比例特征，展现的是唐朝人雄阔尚武的精神气质。这套书基本就是用历史故事讲述历史，语言上具有针对儿童的口语化倾向，小朋友读的时候觉得还可以，我个人阅读时觉得有点儿浅薄，尤其是把“安史之乱”的章节标题写成“美女惹的祸”，感觉有猎奇的成分。

第三套《半小时漫画中国史》（全四册），这套书是漫画版的中国历史，对应我们要寻找的“安史之乱”的章节是“大唐就这么挂了”，开篇就是一幅漫画，抠鼻屎的安禄山和流大鼻涕的史思明，直入主题幽默感拉满，这一章节篇幅不长但内容提纲挈领，史实交

代有始有终："安、史二人都死于男性健康的第一大杀手：带娃。安禄山和史思明在外打仗，都带着自己的儿子们。安禄山因为更喜欢小儿子，被二儿子安庆绪杀了；然后史思明杀了安庆绪，又因为同样的原因，被儿子史朝义杀了……"

查完这三套书我和小朋友都感慨颇深，不管是低幼版的绘本、故事版的桥梁书还是充满幽默气息的漫画书，对某一段历史的介绍都只是寥寥几笔，那些影响李白、杜甫、高适等大诗人的政治事件放在历史长河中也仅仅是几行文字而已。聚焦于个体短暂的一生来说，时代的一粒灰，落到个人头上就是一座山。那些历史中存在过的人物不应该只是面目模糊的文化符号，更应该是有血有肉真实的人。所以我又推荐小朋友看了两本起源于网络热文的书《大唐群星闪耀时》和《鲜衣怒马少年时——唐宋诗人的诗酒江湖》。

《大唐群星闪耀时》的书名明显地借用茨威格的《人类群星闪耀时》，我先看过电子版书后才买的纸质书。尽管故事讲述有演绎和戏说的成分，但是能一边讲故事一边将诗人的诗融入故事中去讲解已很难得，尤其是对小孩子来说，这种有史、有料、有趣的“唐代诗人折腾史”更能拉近孩子与历史人物的距离，那些与大唐兴亡纵横交错的诗人们鲜活、可爱、真实起来。

在阅读《鲜衣怒马少年时——唐宋诗人的诗酒江湖》相关章节时发现书中的视角跟电影《长安三万里》非常相似。“高适乐观，杜甫悲观，李白颠覆三观”这一章节明显是从高适的视角来介绍和对比李白、杜甫，也不知道电影的创作团队是否从此书获得过灵感。此书的阅读和电影的观看成互文之势，也有助进一步了解唐朝那个波澜壮阔的时代。

当然，和上边两本书关联的还有《宋词群星闪耀时》和《烈焰繁花少女时》，阅读时可以顺便翻阅一下，对其中某一历史人物感兴趣时也可以进一步查询，这样阅读就可以逐步延展、扩大进而形成规模。

此次由电影《长安三万里》引发的江湖阅读是我们主题阅读的一个尝试。在莫提默·J. 艾德勒和查尔斯·范多伦合著的《如何阅读一本书》中把阅读分为四个层次，基础阅读、检视阅读、分析阅读和主题阅读，并提到主题阅读是最主动也最花力气的一种阅读。尽管此次阅读目的仅仅是为了满足一个孩童的好奇心和求知欲，所阅读的书籍也仅限于家中藏书，但是这种通过设定主题来串读和回望不同书籍的方式对小孩子开阔阅读视野、搭建知识体系还是很有帮助的。

我家的小朋友曾经拿着我正在校对的文稿看半天，那是一篇知名学者的论文，题目是《苏东坡眼中的白乐天》，因为知道一些苏东坡和白居易的故事，所以看到论文的题目就吸引了她。阅读就是这样，可以由一部电影引发一系列的阅读，也可以由一本书牵引出更多的书，见多识广，看得多了就会形成自己的认知体系和框架，进而建构人生。

三、经典的另一种演绎

——从《柳林风声》到《蛤蟆先生去看心理医生》

经典文学作品有着持久的魅力，也会衍生出多元的二次创作，比如搬上舞台改编成话剧，搬上荧幕拍成影视作品等，但是基本上不会突破文学艺术领域，而借助经典的儿童文学形象结合专业的学科理论进行演绎的却很少见。《蛤蟆先生去看心理医生》就是这样一本书，它借用经典儿童文学名著《柳林风声》的人物形象，演绎了一个心理咨询疗程的标准模板。一本心理学入门书和一本儿童文学名著就这样交集在一起，相互影响又相互成就。很多人看完《蛤蟆先生去看心理医生》后觉得应该再去读读《柳林风声》。

尽管作者在书的前言中谈及，这本书“只是借用了《柳林风声》的人物形象。如果你没看过《柳林风声》，也绝对不会影响你对本书的阅读和理解”。但是有一点毋庸置疑，如果看过《柳林风声》会对《蛤蟆先生去看心理医生》理解得更为深刻。

我家的《柳林风声》是全彩图经典珍藏版，杨静远先生的译本，附录中还有其他版本删除的第七章“黎明前的笛声”，书后附有杨静远先生的“译后记——独具一格的动物童话”，这个译后记写得真诚感人，不仅对《柳林风声》理解和评价全面深刻，而且倾注了作者对这本书的真挚情感。

作为儿童文学史上的经典名著，我曾经向小朋友隆重推荐过这本书，但是这个小孩儿很不以为然。在看过以真实人物为主角，兼具宏大叙事与魔幻色彩的《哈利·波特》后，她觉得这种以小动物为主角的儿童故事有些幼稚。但是我郑重其事地对她说：“你知道J.K. 罗琳在写《哈利·波特》时为什么要把赫奇帕奇学院的标志设计成獾的形象吗？因为罗琳非常喜欢《柳林风声》这部作品，她借用这部文学作品中獾的形象实际上是在向经典致敬。”了解了这个逸闻趣事后，小朋友对这本书有肃然起敬的感觉。

《柳林风声》是英国作家肯尼斯·格雷厄姆一生中最闪耀的作品，作者沿着一条河流、一片树林，讲述了鼹鼠、老鼠、獾以及一只蛤蟆的友情故事。这本书的出版有一个非常温暖的缘由。中年得子的格雷厄姆为了满足患有眼疾的儿子的需求，每晚为孩子讲一段动物故事。孩子听得入迷，甚至都不想去度假，后来作者通过写信的方式满足孩子的愿望。最后这些信成了《柳林风声》的蓝本，可以说这本书也是深沉父爱的见证，而温暖的开头却有着令人痛惜的结局。在《柳林风声》出版后作者却经历了爱子夭亡的锥心之痛，这部作品也成了作者的封笔之作，之后不在有只字片言问世。每每读到格雷厄姆的介绍，我心中都会泛起涟漪。用那么优美的语言写出了那么美妙故事的人却有着这样让人唏嘘感叹的人生。

在我的强烈推荐下小朋友翻了翻这本书，并对我用铅笔标记的部分评价了一番，觉得那些语言真是挺优美的。优秀作品就是有这样的感召力，即使你随便翻翻，即使你只是简单地读几小段文字，都能感受到它的魅力。

小朋友去同学家玩儿，回来兴奋地告诉我，同学的姐姐正在看一本叫《蛤蟆先生去看心理医生》的书，她说这本书和我推荐的《柳林风声》有关，随后我们买了一本。

《蛤蟆先生去看心理医生》装帧非常素朴，白封皮、轻型纸，没有任何引人瞩目的设计。读前两章时感觉作者文笔不错，对环境的描写、对心理的刻画很有《柳林风声》续集的意味。读到第三章时开始有些吃惊并震撼——这本书可不是什么经典童书的简单续集，书中涉及的内容很专业，需要研读并做笔记。

这本书主要讲述了患上抑郁症的蛤蟆先生在心理咨询师苍鹭的带领下，通过心理咨询完成自我的蜕变和成长的过程。书中详细记录了十次完整的心理咨询细节，读起来通俗易懂，很多观点都会引人深思，比如人的三种自我状态——儿童自我状态、父母自我状态以及成人自我状态；我好你不好，我好你也好，我不好你也不好，我不好你好四种人生坐标；人本主义的信条：信自己，信他人，而不一定要信神或超自然，等等。另外还有一些直击心灵的拷问："一个人能同自己共谋来谴责自己吗？""你还要为自己的不快乐责怪别人多久？""我们的人生就一个自证预言。""所谓活得真实，就是真诚地回应当下的需求。"

一边阅读、一边反思是《蛤蟆先生去看心理医生》这本书带给读者的最大启发。我们会禁不住有这样的自我剖析和自我反省：我们的原生家庭带给我们怎样的烙印？我们是不是正在做挑剔型的父母？我们真得对自己负责了吗？所以当你在读这本书的时候，也是同步在进行自我疗愈。

就像该书的作者英国心理学家罗伯特·戴博德所说："人生就像一条河流，看似静静流淌，风平浪静，实则暗流涌动，危险重重。这个世界没有完美的人，每个人都会从这本书中找到自己的影子。"如何探索自己的内心世界、认识自己的情绪状态，并掌控自己的情感诉求是每个人都需要做的功课。认真阅读完这本书，你会深刻地理解书的折口处那一行小字——"这本书凝聚了作者多年心理咨询工作的心得，也是英国二十多年来国民级心理咨询入门书"。

尽管很多专业的心理学学者明确指出书中的方法只是心理学上的一个交互分析流派，在实际的生活中尤其是那些身陷抑郁泥潭的人，并不是简简单单的几页书就能治愈的。但是在心理疾病越来越受到关注的今天，对普通大众来说，这本书的启发意义、疗愈价值已经足够发人深省。了解自己、关爱自己、控制情绪，积极向上的生活对每一个人都是有意义的，就像这本书光明的结尾，蛤蟆先生获得了新生，他的朋友们也都有了自己未来的计划，生活一片昂扬向上的气息。

家庭阅读的美好在于共同分享、相互启发、彼此成就。很感谢小朋友提供线索让我读到这本《蛤蟆先生去看心理医生》，也让我看到了经典童书的另一种演绎形式。

四、学习讲方法

——“写给儿童的高效学习力打造计划”丛书

关于学习方法的书，家里有一些，比如《费曼学习法》《学习高手》《思维导图》《超级记忆》等。这些书放在书架固定的一个格子里，久未动过。一次娃爸出差回来把自己的工作笔记放在了沙发上，这个小朋友翻看了一下说：“爸爸，你记笔记是不是用的费曼学习法？”这小家伙冒出来了这么一句，直接把我们两个家长震住了。她说她翻过《费曼学习法》这本书。后来这些书都不了了之了，估计这个小朋友也就是随手翻翻，真正了解了多少，看懂了多少都不好说。

小朋友真正认真阅读的关于学习方法的书是张郁之著绘的“写给儿童的高效学习力打造计划”丛书。这套书我们是在市图书馆偶然发现的。小朋友平时借书主要集中在文学类和科普类的图书上，一次我浏览到文化教育类区域，发现了这套针对儿童的高效学习的书。这套书一共十本，分别是《告别低质量勤奋》《再见，拖拖拉拉》

《别输给半途而废》《别让焦虑打败你》《学生也要断舍离》《想到，更要做到》《敢想敢做有担当》《有效备考得高分》《敢拼敢赢做冠军》《谁都可以了不起》。

进入小学高年级之后，课业任务加大加重，学习过程中也会遇到各种困难。“低质量勤奋”“拖拖拉拉”“半途而废”等这套书讨论的话题多多少少都是这个阶段的小朋友们会遇到的问题。没准儿这套书能提供一些解决方案，抱着这样“功利”目的，我们决定先借两本试读一下。之所以说是试读，主要是怕太明显的说教小孩子会看不进去。

没想到阅读完之后，小朋友说这套书太好了，要借全套的书。全套书拿到手后她还拿出一个崭新的笔记本说这套书她要做笔记（这可是小朋友第一次主动要求做读书笔记）。这套书也是我们借阅时间最长的，整整两个月她都在不紧不慢地阅读，每天看几个章节，然后用各种颜色的笔做笔记。

为了和小朋友同步同频，我也阅读了这套书。看完之后发现为什么小朋友能读得进去了，这套书将学习方法与卡通插图相呼应图文并茂，有趣的小故事和实用的小技巧相结合相得益彰，阅读过程中既充满乐趣又感觉很有实用价值。为什么小朋友会读得那么慢呢，那是因为里面介绍的方法概括性很强，吃透并进行实践需要一个消化过程。比如《再见，拖拖拉拉》这本书中介绍了大多数人拖延的十三种原因，并对应地提出了帮助大家战胜懒惰的十三种策略。相信很多人遇到的问题并不是简单地对应其中某一种原因，很多都是几种原因都有，对这样的书进行消化吸收需要一个慢慢渗透的过程。

翻看小朋友的读书笔记，记得最详细的是第一本书《告别低质量勤奋》，里面用黑、红、蓝三种颜色的笔对不同笔记内容进行了区分，重点部分还涂上了色，有的句子还在下面画上了波浪线。重点看了看她突出标注的内容，主要有“简化学习方法是聪明学习的第一步”“如果能管理好时间就能管理好自己的未来”“你不是不努力，你只是不会努力”“采用多种方法灵活学习，可以取得更好的成绩”。另外，书中介绍的实用小方法，如4D目标管理方法（目标、愿望、决心、纪律）、SQ3R法（浏览、提问、阅读、背诵、复习）等她也重点记录了一下。简化学习方法，让学习变得简单，作者提出的理念肯定会让身陷重重作业之中的小朋友有眼前一亮的感觉，也会有实践一下书中方法的冲动。以现实问题为导向，提供科学实用的解决方案，切实地给孩子们提供帮助，就是这套书最吸引人的地方。

读完这套书，我又发现了一本好书《认知觉醒——伴随一生的学习方法论》（青少年版），这本书理论性更强一些，小朋友翻了翻目录，说要慢慢看。书中附赠了一个折页纸，上面列出了“场景式行动清单”她觉得非常有实用价值，规规整整地贴在了自己学习桌的墙上。

谈论方法的书很多，而落实到个人最重要的是结合自身的情况进行实践和探索并最终找到最适合自己的方法。这个探索的过程本身也是不断发现自己、反省自己、完善自己的过程。当然，找到真正适合自己的学习方法和学习策略并不是简单靠几本书就能解决的，但是这套书提供的方法至少是具有启发性的。真正读进去这套书，孩子们会有所领悟也会有所实践，当然也会悄悄地改变。作为父母我们不能奢望孩子一蹴而就成为学霸，只要孩子一点点地在进步，家长就会很欣慰。

五、你应该知道的脑科学知识

——《我的大脑好厉害》

脑和大脑是一个东西吗？小脑的用处小吗？人为什么有时候会犯懒？有没有可能在睡觉时学习？为什么有人把一切都忘了？如果你想知道这些问题的答案，请翻开《我的大脑好厉害》这本书，牛津大学神经科学博士后赵思佳为我们科普有趣又好玩儿的脑科学知识。

书的封皮上印着“献给少年的脑科学启蒙”，其实这本书不仅仅是献给少年，普通大众读起来也很有意义，懂点儿脑科学知识，可以让我们更好地认识自己、理解他人，从脑科学的角度观察和认识人类自身，可以让我们从纷乱的现象中找到事物发展的底层逻辑。

本书分为六个部分，层层递进，从大脑的基本构造开始，然后进入大脑的控制中心，从感觉、情感、学习、健康、未来发展五个层面揭示大脑对人类方方面面的影响。本书是以问题为导向的，每一个章节都是在回答孩子们感兴趣的问题，整本书就是对五十五个日常问题的回答。比如“大脑究竟长什么样？”“为什么吃太多会觉得困？”“为什么压力会让人白头呢？”“大脑有道德中心吗？”“如何能够快速地掌握一项技能？”“为什么有些人总是开心不起来？”等。问答式的问题设置就像十万个为什么一样，提出问题给出答案，简洁明了、直截了当。语言俏皮风趣，像“感知天团”“渣渣复渣渣”“多巴胺不背锅”这样的语言会让人莞尔一笑。

这本书读起来很轻松，不会有读不进去的感觉。小学高年级的孩子自己阅读没有任何问题，是一本感兴趣、能看懂、长知识读起来又愉悦的书。需要说明的是，本书的讲述方式是生动有趣的，但科普的内容却是科学严谨的。作者本人是牛津大学神经科学的博士后，她不仅把专业知识写成了书籍，也把自己的科研习惯带到了书中，设计了“像科学家一样思考”“像科学家一样实践”环节，同时还有“大脑速记”“大脑热词”等小贴士，这对小孩子科学思维的训练以及科学的精神塑造都很有益处。

尽管作者在书的前言“本书使用攻略”中说第一章和最后一章因为涉及一些专业术语和知识，内容有些难，对没有任何基础的小孩子来说可以跳过去不看。但是就我个人的阅读经验来看，这本书可以先从目录开始浏览一下，最感兴趣的部分，先看一下满足阅读期待。但是要真正理解这本书，还是要从头到尾仔细读。这本书每一个章节都是独立的，看似都是对人们感兴趣的脑科学知识的回答，内容比较松散，其实是有其内在的逻辑和知识体系的，从每个篇章最后附列的系统梳理全篇知识的思维导图就能看出来。

我们刚拿到这本书时，小朋友就专注地看了二十分钟，评价说这本书挺有意思。后来我从头到尾把这本书仔仔细细地读了一遍，感觉这是一本不仅适合孩子，普通大众也可以读读的科普书，即使随便翻翻都会有益处。

我家的日常，一般情况下都是孩子在写作业，我在看书，尽量互不打扰。但是在读这本书时，看到精彩处我还是忍不住有分享和讨论的冲动。比如书中介绍大脑中的杏仁核区域负责产生恐惧，里面有一个案例，就是有一个美国白人女性因为事故失去了杏仁核，进而失去了恐惧的能力，这个珍贵的研究对象是世界上最有名的病人之一。作者讲到这个人去她工作的实验室参与实验时，他们这些研究人员像粉丝一样激动，读到这里的时候我不禁嘿嘿地笑出来。原来每一个领域都追星，脑科学的研究者追的是特殊病人。我把这段文字分享给小朋友，孩子很认真地告诉我，这一部分她也仔细看了，这根本不是搞笑的问题，而且严肃地跟我说失去恐惧是很危险的事。好吧，我吐吐舌头不再打扰这个正认真写作业的小朋友，自己默默地接着往下看。

休息的间隙，我们还一起讨论了“听音乐做作业好不好”这个我们现实中遇到的问题，还嘻嘻哈哈地谈论了吧唧嘴、蝗虫进化、玩儿游戏、看英文字幕、孤独症、阿尔茨海默病等书中提到的话题。真是闻道有先后，小朋友先读的这本书，我后来才读，感觉一起讨论时，我都处于劣势地位，因为你不管谈论啥，她好像都知道，这也从侧面证明，这是一本看过后不容易忘记的书。

脑科学是一门年轻的科学，最近二十年取得了长足的发展，科技部甚至将脑科学和类脑研究列为“科技创新 2030 重大项目”。湛庐文化出版的这本《我的大脑好厉害》，加强了普通大众对新兴学科的常识认知和科学素养，值得家长和孩子一起共读。当然，对正处于探索和发展期的少年，这本书更有启发意义，因为书中提供的科普知识、提倡的思维方式能激发好奇心和求知欲，没准儿哪个孩子看了这样的书会立志做脑科学研究，未来的脑科学难题就是他们攻破的。

名著到底应该怎么读？

进入小学五年级以后，阅读古典文学名著作为一个重要主题列入了语文教学计划，人教版语文课本选取了四大名著的四篇文章组成了单元内容。其中《草船借箭》是根据《三国演义》改写的，《景阳冈》《猴王出世》是在《水浒传》和《西游记》原著基础上删节的，《红楼春趣》则直接选自《红楼梦》第七十回，编者加了题目。

问了问孩子，这四篇文章感觉如何？小朋友回答："最难的是《猴王出世》，最好理解的是《三国演义》。"这和我的初步判断一致，因为《三国演义》是用现代文改写的，小孩子读起来语言上不费劲，故事内容本身戏剧性很强，肯定爱读。《西游记》的语言是半文言文，里面还有大段的景色描写，生字比较多，阅读力弱的孩子读起来会有点儿难，但是猴王出世的故事孩子们在影视剧、动画片中都接触过，内容熟悉，阅读的困难在于语言和文字。《景阳冈》和《猴王出世》类似，武松打虎的故事已经深入人心，孩子们都听说过，选文主要是描述具体的情节，里面有很多对话，读起来不费劲，文章略长。

课本也学了，名著的重要性老师也强调了，但是如果你直接扔给孩子四本名著，那么厚厚的四大本，密密麻麻的字，孩子立马就会傻了眼。我家中有绣像本的“四大名著”，每本书里都有精致的插图，但即使这样，孩子翻阅时也觉得头大，她感觉完全没有听书或者看影视剧那么有趣。

孩子们一读名著就头大，主要有两个方面的原因。

一是书的问题。名著都是经过时间洗礼留下来的经典之作，这也就意味着不管是语言表达、时代背景、文体形式都和当代阅读的范式不同，这种差异给阅读带来一定的难度。另外名著一般都文字多、篇幅长，拿在手里厚如板砖，人物多、线索多梳理起来如乱麻，容易给小读者带来高浓度的混乱进而引发挫败感。《红楼梦》中有四百多个人物，《三国演义》中更是一千多个人物，这些错综复杂的关系不仅对处于阅读初级阶段的孩子来说有难度，对很多成人来说都不简单。不以学术或写作为生的成年人，真正仔仔细细读过名著的其实也并不多。

二是人的问题。阅读是有层次的。小学阶段的儿童阅读处于基础阅读阶段，能够抓住核心的内容，具备一定的复述和评论的能力，掌握初步的阅读技巧就可以了。名著之所以成为经典，最根本的在于其思想的深刻性，而真正读得进去、读得懂，需要具备深厚的知识积累和很强的认知能力、理解能力，还需要有一定的生活阅历和情感体验，显然儿童的心智发展还没有达到这样的水平，阅读名著只能是在有限的范围内引起儿童的阅读兴趣。

另外，强调小孩子多读经典当然很好，但是不能强迫孩子去读自己不喜欢的经典。一代有一代的文学，一代有一代的审美，对待阅读，我们应该有更为宽容的态度。很多的时候家长强迫孩子读名著源于考试的焦虑，因为动不动四大名著就进入重要考试的出题范畴，而名著中涉及的诗词成语、地理风俗、艺术美学等可考的东西又非常多，很容易让人两眼一抹黑。仔细分析那些涉及名著的试题，概括起来就是要对四大名著高度的熟悉，人物的熟悉、情节的熟悉、细节的熟悉。只要熟悉答题就能答个八九不离十。

亚里士多德曾说："情节是一个故事的灵魂。"就四大名著来说，真正吸引普通大众的并不是其思想性、艺术性，而是其中生动有趣的情节。对孩子们也一样，到小学高年级阶段几乎每个孩子都会对"三打白骨精""武松打虎""草船借箭"等故事略知一二，这些情节已经作为一种文化的基因渗透到了我们的骨子里。

以熟悉为目的，以情节为要领，我们主张多元形式读名著。

低年级的小朋友可以以听名著为主。听主持人讲名著故事，听名著的评书相声，听学者讲解名著等都行。尽管这些听来的书，很多都会加入创作者的个人见解，但是没关系，故事的内核不会变，只要生动有趣孩子听得进去就行。

充分利用多媒体资源看名著也可以，影视剧、动画片都是很好的形式。很多家长都会有这样的体验，小时候看过的影视剧像《西游记》《三国演义》等到成年之后还记忆犹新，因为图像对大脑的刺激会让人的记忆更活跃。因此，以名著为基础改编的影视作品都可以作为了解名著的入门选择。

读名著可以从漫画版、插图版、改编版、简洁版开始，只要书是正版书，正规出版社出版的都可以，最主要的原则就是孩子能够读得进去。学有余力或有更高要求的孩子可以读原著，如果感觉有难度，可以家长带着孩子一起读。亲子共读一本书，共同探讨书中的话题也是一种乐事。

我家的基本情况《西游记》《水浒传》《三国演义》基本上主要靠听，二年级的时候“凯叔讲西游记”反反复复听了好多遍，里面的情节都了然于心。三年级听《水浒传》特别上瘾，尤其喜欢“鲁智深倒拔垂杨柳”那个情节，每次都听得津津有味。《三国演义》则听得入情入理，到诸葛亮病逝五丈原之后就不再听了，她觉得太伤感了，那么聪明神奇的人物竟然也死了。《红楼梦》则属于那种“死活都读不进的书”，不仅读不进去，连听都不愿听。

孩子的心智是逐渐成熟和发展的，一个阶段读不进去不等于以后就读不进去，阅读是一个慢慢进阶的过程，只要能从阅读中获得乐趣，随着阅读能力、认知能力的提升，迟早会进入阅读名著的阶段。我曾经见过一个上高中的男孩子，腿受伤了要定期在诊所理疗，为了打发时间，他每次都带本《水浒传》，津津有味地阅读。名著的魅力就在于此，你可以各种形式演绎改编它，可以花式拆解阅读它，也可以见仁见智诠释它。

六年级

运动让人快乐

畅畅：

你好！日子过得真快呀，转眼你都要上小学六年级了，我的小宝贝儿都成大姑娘了。

时光这个魔术师尤其青睐你们这些小孩子，它在你们身上留下的印记最为明显，现在你的个子比妈妈还高，穿的鞋子比妈妈的还要大一码。这一年我不仅看到了你身体上的变化，也感受到了你心智的逐渐成熟。放学能自己回家，学习上努力进取。尽管我们还有各种各样的问题需要改进，但是人生就是一个不断自省、不断进取又不断完善的过程，相信你能做得很好。

这次妈妈想重点谈一谈运动和健康的问题。你也知道妈妈最近一年一直在坚持跑步，从最初跑一公里都气喘吁吁，到后来能跑三公里、五公里，以及最近顺利完赛半马二十一公里，你能感受到在跑步这件事上妈妈的坚持和热爱。

我想把自己对运动的感受分享给你。其实妈妈在40岁之前一直都不是一个热爱运动的人，身体素质也很差。记得当年中考体育满分六十分，我只考了三十六分，大学时班级八百米测试跑，我是最后一名。连我自己都没有想到像我这样一个运动菜鸟能参加马拉松比赛。人生真的有各种可能，不设限、不局限才能更精彩。

你现在处于身体素质的上升期，好多感受你还体会不到。其实到了妈妈这个年龄之后，身体素质是在逐步下降的，我也亲眼看到周边的同事、朋友深受疾病的折磨。对自己负责首先要对自己的身体负责，健康的身体是一切的基础。为了更好地生活，必须把健康这个事提上日程。

真正喜欢的事用不着自律、他律的坚持，发自内心的热爱就是最强的动力。跑步带给我最大的感受就是获得人生的掌控感。面对这个不断变化的世界，个人渺小又微不足道，我们唯一能掌控的就是自己的心态。跑步能够平和我的怒气、焦虑和压力，能够让人在高强度的脑力工作后彻底放松下来，能够让身体更有活力、内心更加笃定。

一件事要想坚持长久，必须要有科学的方法。为了能够科学无伤的运动，我看了好多关于跑步的书，这里面既有日本作家村上春树的《当我谈跑步时，我在谈论什么》，也有来自专业教练的《跑步圣经》《无伤跑步》《跑步常见疼痛手册》，还有一些个人关于跑步的经验分享，比如《奥森跑步日记》《跑步治愈》等。我跟你分享过一些书中有趣的故事，比如1983年在澳大利亚举行的悉尼—墨尔本超级马拉松比赛中，61岁的农夫克里夫·杨凭着自己的杨氏小碎步和日夜不停地奔跑，战胜了专业的长跑运动员获得冠军的故事。这个马拉松史上好玩儿的故事逗得你咯咯地笑。

古人讲要“知性合一”，理论再好也要和实践相结合。在一次次的跑步过程中我也一直在摸索适合自己的跑步节奏、训练强度，并及时观察身体反应，在保证不受伤的情况下不断强化自己的身体素质。正因为感受到了跑步的乐趣和益处，所以我经常忽悠你和我一起跑，你在尝试过几次后放弃了，并理直气壮地说，“运动有各种各样的方式，又不是只有跑步一种”。我觉得你说的也有道理，我要反省自己是不是太自以为是了，所以没有再强迫你。但是我的内心深处还是希望你能找到喜欢的运动方式，能够享受运动带来的生机和活力。

后来我们发现了一起骑行的乐趣。在平坦的马路上骑行，闻着青草的气息，听着虫叫蛙鸣，扑面而来的大自然让人神清气爽。上坡时，我们一鼓作气，努力攀登；下坡时，我们疾驰而下，像风一样自由，那种感觉太好了。妈妈希望你能做“风一样的女子”，刚柔并济、自由而果敢。我们相约要挑战骑行半程马拉松二十一公里，我觉得这个小目标很快就能实现。

宝贝儿，运动使人快乐，希望你能享受运动的乐趣，拥有健康的人生。

妈妈

2023年5月20日

一、重温《骑鹅旅行记》

《骑鹅旅行记》对我们的家庭阅读来说是一本具有特殊意义的书。它时而放在家庭公共阅读的大书架上，时而摆在孩子学习的小书桌上，偶尔也会放在我要集中研究的书籍收纳框里，就这样兜兜转转过不同的地方。

我家的《骑鹅旅行记》是全彩图精装珍藏版。硬壳封套、布面封皮、铜版纸印刷，北欧文学翻译泰斗石琴娥女士权威译本，德国魔幻现实主义画家弗里德里希·黑歇尔曼经典配图。出于对书籍版本的执念和对伟大作品的敬意，我们高于普通版本几倍的价格买下了这本书。

在孩子上小学二年级的时候，我们曾经亲子共读过这本书。当时考虑到故事本身的趣味性，孩子识字量也可以，所以想尝试一下大部头的著作。小孩子是一个字一个字出声读的，遇到不认识的字我会提醒，遇到喜欢的段落会拿铅笔标注一下。当时孩子小，虽然识字量可以，但是书写能力还差很多，所以每读完一个章节，都是让孩子口述这一章的主要内容，她说我记，每天一个小时，耗时二十多天读完了这本二百三十三页的著作。

翻看当时的阅读记录，B5 大的笔记本满满地记录了三十多页。记录的内容颇为丰富：有孩子喜欢的细节描写，比如猫发怒时的情形；有我个人从文学角度体悟到的作者叙述视角的转换；有孩子阅读时的状态，比如第五章“鹤之舞表演大会”那部分因涉及很多场景描写孩子阅读比较吃力；有我们一起对书中细节的讨论；等等。

每天阅读记录的最后部分都是总结和反思。“大部头的著作到底应不应该出声朗读”，“不感兴趣的细节描写能不能跳过去不读”，“故事中的环境描写是不是应该克制”，“冗长的外国人名实在让人头疼”，“让 9 岁的小孩子读这样没有删节版的原著是不是操之过急”，等等。当时我们的阅读经验完全来自亲身实践，没有借鉴过多的阅读理论，因此也产生了很多的犹疑、纠结和茫然。这也是我当时没有把这本书的阅读记录独立成章写出来的原因，好多问题没有想清楚、弄明白，不知道该如何下笔。

尽管没有理论指导，但是我们遵循了一个基本的原则“以孩子的阅读体验”为最高标准进行适时调整。不强调阅读目标的实现，如果孩子读得时间长疲惫了，就及时停止，或者实行一人读一段的分读模式。特别冗长的环境描写，尤其是和故事情节发展联系不紧密的部分可以直接跳过。阅读过程中不纠结个别词语的生疏和不理解。如果阅读的中间，孩子想发表自己的想法可以直接讨论。

庆幸地是在整个阅读过程中，尽管有困难和波折，孩子全程比较配合。读完那么厚厚的一本书，孩子当时很有成就感，尤其是我指着版权页上的字数，告诉她我们一起读了十九万多字时，她更是流露出努力完成一件事的喜悦之情。

在亲子阅读中遇到的各种问题和困惑也让我意识到实践需要理论的支撑，困而学之，我开始关注阅读理论的书籍。翻看读书笔记，关于阅读的书也读了不少，《如何阅读一本书》《深阅读》《阅读手册》《阅读力》《为什么读经典》《书语者：如何激发孩子的阅读潜能》等。这些书有精读有泛读，里面的一些核心理念，比如“阅读是一种享受”“阅读是有层次的”等对我们的阅读实践有很大的启发。正是在理论和实践的相互映衬下，我们的家庭阅读一直是在践行、调整、修正之中。

现在孩子上小学六年级了。这个寒假，学校的阅读推荐书目里有《骑鹅旅行记》，再次重温这本精装的图书，我们依然爱不释手。小朋友已经完全不用我的牵引和指导就能独立阅读了。经过时间的沉淀和洗礼，她对这本书的理解和欣赏也已经不再囿于故事本身的趣味性了。

《骑鹅旅行记》是一部伟大的作品。熟悉这部名著创作背景的人都知道，这部长篇童话是应瑞典教育部邀请，作为一部学校地理教育读物而写的，而这样的命题创作本身就是戴着镣铐跳舞。该书的作者塞尔玛·拉格洛夫有腿疾，但她仍然跋山涉水实地考察，认真研究飞禽走兽的习性、各地的风俗习惯和民间传说，最终完成了这部集文学性、趣味性、知识性于一体的鸿篇巨制。命题创作也能写成世界名著，儿童文学作品也能获得诺贝尔文学奖，这就是《骑鹅旅行记》的耀眼光芒。

一本书可以是一件美妙的礼物，也可以是一段动人的记忆。《骑鹅旅行记》的阅读可以说是我们家庭阅读的一个缩影：共同阅读一本书，有记录、有分享，有过程的艰难与曲折，有共同完成一件事的喜悦与共鸣，也有时间印痕里的点滴成长与进步。

二、通识教育的神辅助

——“半小时漫画”系列丛书

从古典诗词到世界名著，从经济规律到科学发展，从天文到地理，从哲学到历史，如果你想一网打尽，最短需要多长时间？统计数据来了：弄明白《论语》是怎么一本书，需要 0.5 小时；了解唐诗三百首背后的故事，需要 0.5×2=1 小时；系统地探究科学发展的历史，需要 0.5×3=1.5 小时；弄懂艰深晦涩的经济学原理需要 0.5×4=2 小时；读懂《史记》需要 0.5×5=2.5 小时；全面了解中国的历史需要 0.5×8=4 小时……为什么系数里都有 0.5 小时，因为有一套“半小时漫画”系列丛书，沉浸阅读 0.5 小时，脑洞大开一辈子。

半小时漫画系列到底是套啥样的书？一言以蔽之，它是一套通识教育的神辅助丛书。为什么说是“神辅助”，因为它有以下几个特点。

1. 内容庞杂、覆盖面广

这套丛书目前已经出版了五大类。历史类：中国史、世界史和党史；国学类：中国哲学史、《论语》《史记》；文学类：唐诗、宋词、四大名著、世界名著、必备古诗词；经济类：经济学；科普类：宇宙大爆炸、科学史、常见病、青春期、故宫、中国地理……这个后面一定要加上一个省略号，因为这套丛书一直在涉猎更多的领域，相信后面还会源源不断有新书出版。

这套丛书涉及的领域非常广泛，很契合通识教育培养博学多识的通才的理念。只有接触和学习各种不同的学科领域，知自然人文，知古今之事，才能形成一个完整的知识体系。处于成长期的孩子们更是需要在广阔的视野和广泛的认知的基础上逐步发现自己的兴趣和爱好，进而形成独立思考，成长为终身学习者。

这套丛书目前出版的有四十来本，家里买了十多本，其他的主要是从图书馆借。我们借阅的过程也是颇费了一些周折。因为涉及的领域太多，图书馆里的文学书库、社科书库、自然书库、儿童书库我们都跑了一遍才算把想借的书都借全。这也从一个侧面反映了这套书涉及领域的庞杂。

2. 浅显易懂、轻松好读

尽管这套丛书内容庞杂，但是并不需要读者有很艰深的知识储备，小学生、中学生完全都能看懂，而且阅读体验非常好，嬉笑怒骂间轻松学知识。就拿《半小时漫画中国史》来说吧，没学过历史的小学生可以当有趣的故事来读，在嘻嘻哈哈中顺便预习将来要学习的历史知识。学过历史的初高中学生可以当作有趣的复习大纲，在插科打诨中温故知新。

这套书的语言主打一个幽默风趣、言辞犀利。以《半小时漫画史记》为例，看一下章节标题，你就明白它的语言风格了。《吴越之争：你若安好，那还了得》《韩、赵、魏世家：各有各的招，各闪各的腰》《吴起、西门豹：魏国版东邪西毒》《我就是我，不一样的燕国》《刺客天团：这些杀手不太冷》。书中的具体内容更是两句一个比喻，三句一个梗，修辞手法满天飞，方言土语一锅烩，爆梗段子处处雷。“掰扯”“捋一捋”“黑化”“草根逆袭”“点背狂魔”“你是疯儿我是傻，勾勾搭搭到天涯”“步子迈得大，容易累劈叉”“复合型作死大师”等鲜活犀利的语言那叫一个形象生动、快意恩仇，读这套书感觉就像听专场相声。

这本书的另一大亮点就是手绘漫画，人物表情拿捏到位，创意设计神出鬼没，画着古人的图，吐着今人的槽，还想着世界大格局，简直就是灵魂配图。比如在谈到伍子胥逃亡过程时说，“为了躲避官兵的追捕，他一路跋山涉水，滚泥坑、躲树林，艰辛程度堪比荒野求生”。配图是什么？一个满身狼狈的中国古人和一个大卷毛的外国人站在一起，然后文字对话是这样的。“交个朋友啊？我叫鲁滨逊，你贵姓？”咋样，这古今中外勾连在一起产生的幽默效果让人忍俊不禁。

有趣又好读是这套书最大的特点，去书店的时候发现在各种可翻阅的样书中这套书磨损的最为厉害，卷边、斑驳、污渍都有，这也反映出这套书受欢迎的程度。很多调皮的小男孩儿，一屁股坐在书店的角落翻阅的就是这套书。

在时间管理领域有一个著名的番茄钟理论，全身心投入工作二十五分钟，然后休息五分钟，这整个三十分钟是一个完整的番茄时间，这样的时间安排工作效率最高。这套书半小时的设计非常契合时间管理的理念，一个番茄钟的时间集中精力完成一整本书的阅读，会让人很有成就感。

3. 创作思路和思维方式

其实语言的幽默、漫画的精彩都只是表面的繁华和热闹，这套书更值得我们学习的是其背后的创作思路和思维方式。

不管多么复杂的历史，多么艰深的学科，都能掀开表象、略去细节、抓住重点，这种抽丝剥茧的能力体现在这套书的方方面面。比如《半小时漫画论语》中在总结《论语》的内容时提炼出了三个关键词：“习”“君子”“仁”，以这三个词为核心，理解《论语》就容易多了。还比如让很多人望而生畏的四大名著之一《红楼梦》，作者先抛出三个灵魂问题“作者是谁？”“为啥写它”“写了些啥”，阅读者的思路一下子就清晰了。这种条分缕析、透过现象看本质的能力不管是在阅读书籍还是日常学习中都十分重要，把一本书读薄，把一门课程大纲化，这种思维训练是信息爆炸的时代必备的一种技能。

这套书处处都体现着创作者提纲挈领、高度概括的能力。一句话概括一部名著：《荷马史诗》，古希腊系列魔幻剧；《神曲》，欧洲版的西天取经；《堂吉诃德》，塞万提斯玩儿的一场找碴儿游戏；《鲁滨逊漂流记》一本荒野求生手册（《半小时漫画世界名著》）。

一本书讲清一门学科，如《半小时漫画宇宙大爆炸》，一百三十八亿年的宇宙史，大爆炸、黑洞、引力波、暗物质等宇宙常识，一本书搞定。一个公式揭露一个历史规律：昏君 + 暴政 + 奸臣 + 腐败，败家四件套，一个疗程就见效（《半小时漫画中国史》）。概括能力是将知识结构转化为认知结构的过程，也是学习中的基本能力，阅读这套书实际上就是反复地见证创作者如何高度概括一门学科或一个领域。

融会贯通是最能体现通识教育思维方式的地方。这套书古今中外互相勾连，各种学科串联交叉、各种领域相互借鉴的例子非常多。例如，在《半小时漫画经济学》中提出人类史就是一部经济史观点时，从宏观和微观两方面来分析，宏观方面举的例子是美国南北战争、第二次世界大战、中国古代的农民起义，微观方面则是谈到了物理学家牛顿和经济学家亚达・斯密，一个议题就涉及了这么多内容。这种发散性思维和可迁移能力对孩子创造性思维的培养非常有益。

孩子们在阅读这套丛书时，不仅仅是在轻松诙谐中普及各种知识，还是一种思维方式的锻炼。当然，这套书也不仅仅限于孩子，成年人读起来也津津有味，在半是熟悉半是陌生中看看这些年你遗忘了多少历史典故，在嘻嘻哈哈中检测一下自己是不是有知识的盲点。可浅读、可深读，可活泼、可严肃，可温故、可知新，“半小时漫画”系列是一套读了就停不下来，停下来就会嘿嘿笑的魔性之书。

三、“费曼学习法”以及费曼本人

关于“费曼学习法”的书我家有三本。

第一本《费曼学习法：用输出倒逼输入》。上六年级的小朋友课业任务越来越重，为了能轻松又高效地学习，她越来越深刻地认识到方法的重要性。我家书架上有一个区域专门摆放着有关学习的书，像《认知驱动》《终身成长》《刻意练习》《思维导图》等，大概十来本。小朋友觉得《费曼学习法：用输出倒逼输入》这本书对她来说应该有用，而且费曼是谁、费曼学习法又是个啥，书名让人有探究的欲望。没想到这个小孩儿囫囵吞枣地翻了一遍书，得出一个结论：书上说得有点儿道理，但是好像也不知道该怎么应用，然后这本书就束之高阁了。

作为小学高年级孩子的家长，我倒是感觉这本书应该深入学习一下，于是自己认认真真地读了一遍，还做了笔记。经过深入分析，觉得这个费曼学习法不仅有用还可以践行。书中提出了一系列很有启发意义的观点，比如“学习最大的动力是兴趣”“内化是一切学习的终极目的”“系统化是学习必须遵循的原则”，书中提出了学习的五个步骤：确立目标、理解目标、输出、回顾、简化。这本书逻辑性和学理性都很强，一个 12 岁的小孩子读完不得要领很正常，因为他们的知识储备和认知层次还没有达到完全理解这本书的水平，而且这本书谈论的学习是广义的上“终身学习”，这比小学生在学校接受义务教育的学习要广义和宏大得多。

真理既可以抽象也可以具体，越是具有普遍性越可以灵活运用。费曼学习法运用到小学生的实际学习生活中还是有很多可以渗透的地方。比如拿到新课本后，让孩子从目录开始翻阅，系统地了解这学期要学习的内容，对知识有一个整体的了解；不会的错题可以让孩子给家长讲一遍，尤其是弄明白其中的原理到底是什么；让孩子主动输出，每天对自己所学的知识进行反思、复盘；等等。

第二本《费曼学习法（漫画版）》。尽管在日常的学习生活中会慢慢渗透费曼学习法。但是主动学习才能更有内驱力，作为家长还是希望孩子能自己深入地理解一下这个学习法，所以我们又买了漫画版的费曼学习法。书的封面上赫然印着“清华学霸的高效学习手册”，尽管这个宣传语有引人瞩目的成分，但是如果一本书小孩子能读着轻松又励志，这样的宣传也不失为一个好的切入点！

小朋友刚拿到书时确实很感兴趣，直接带到学校去了，说上自习课的时候看。晚上回家的时候问她书看得怎么样？“书刚看了一点点，就被同桌看上了，然后就借给同桌了。”看来这样的书对同龄的孩子们都有一定的吸引力。

这本漫画版的《费曼学习法》其实讲得核心内容和第一本是一样的，但是这本书更实用、更容易理解，书中的举例更贴近孩子们的生活。整本书是在深度拆解费曼学习法的基础上，以问题为导向，主要针对孩子们在学习中遇到的实际问题。书中最吸引人的地方就是提供了解决问题的方案，如解决拖延症的十分钟策略，提高专注力的四个方面，高效记忆的六个方法等。这些小技巧和小窍门有很强的实际操作性，小孩子认真阅读并亲身实践会有很大的收获。

有趣的是小朋友在读到这本书的最后一章时，突然郑重其事地让我仔细看看其中的一段话——“在学校期间的学习属于马拉松式用脑，上午的学习时间接近四个小时，下午的学习时间则可能更长，而早餐和午餐带来的能量有可能无法维持这么长时间的消耗。为了长久地保持好状态，我们可以中途吃一些有营养的零食”。这可是为小孩子吃零食找到书本依据了，可是学校明令禁止带零食的。我正在绞尽脑汁想怎么解释这个事时，小朋友自圆其说了“怪不得我们班的同学老是偷偷带零食呢，大家都是饿的，不过还是应该遵守学校规定”。

第三本《费曼学习法：我就是这样考上清华的》。这本书是和漫画版的《费曼学习法》一起买的。当时网站搞活动，两本书绑定一起卖，就一起下单了。同样主旨的书出了两个版本，侧重点不同。当时买书的初衷是孩子读漫画版，大人读高段进阶版。

翻开书，首先映入眼帘的就是密密麻麻的推荐语，二十三个人推荐，整整占了四页。这本书的特点是以费曼学习法为核心，结合学习过程中常见的问题，拆解出预习、复习、自学、听课、做题、阅读、写作、考试等场景给出实用有效的指导，里面有对比、有剖析、有流程、有例子，好多方法可复制、可实操。书中很多经验都是以初高中生为例，这个年龄段的孩子读起来应该更有亲切感。

我家小朋友把这本书也简单翻了翻，看得很潦草。书中有一个章节是“如何在家高效学习”，作者提出了饥饿、行走、低温这三种状态会激发人的生理本能。利用这些生理本能，可以在家高效学习。小朋友对这种观点提出严重抗议：“难道还得在家饥寒交迫才能高效学习啊！”对她这种断章取义的说法我一笑置之。

一直在说费曼学习法，那么费曼到底是谁呢？这三本书中都有简单的介绍：费曼是杰出的物理学家，1965 年诺贝尔物理学奖得主，纳米技术之父、量子电动力学之父。他是个“通才”，不仅在物理学方面成绩斐然，而且还精通绘画、打鼓、演讲等其他领域。他能取得这样的成就，得益于他独特的学习方法。可是这样的介绍太像百科全书中词条的解释了，大家都知道他在科学领域的分量，但是鲜活的费曼是个什么样子呢？《别逗了，费曼先生》给了我们答案。

这本具有自传性质的《别逗了，费曼先生》真的是太有趣了，整本书以逸闻趣事为主，自由、散漫、好奇心强，本真、执着、孩子气的费曼先生跃然纸上。这本书挺厚，我们没有读，而是利用音频分享平台听的。一边吃饭一边听费曼先生如何破解装有原子弹保密档案的保险柜。一边搞卫生一边听费曼先生吐槽巴西的教育体制。碎片化的时间因为这本有趣的传记而神采飞扬。怪不得有人评价费曼“是个天才，也是个滑稽演员”。

费曼自己并没有把他的学习方法理论化。那些原则方法都是由无数的追随者和思维学家整理而成的。我们上面介绍的关于学习方法的书也是在拆解费曼学习法的基础上进行的细化、演绎和应用。这样的书带给我们的是方法的索引和经验的借鉴，看一看会少走弯路。学习是一个人终生的功课，真正地践行费曼学习法并不是单单靠几本书就能解决的，强大的自我管理能力、不断地探索和实践更是必不可少。

四、助力心智成熟

——《墨菲定律》

有一段时间小朋友的班级里流行玩儿星座。每个星座的人对应什么样的性格，孩子们会叽叽喳喳地讨论。我们家的小朋友也卷入其中，她煞有介事地研究自己的水瓶座，后来还牵扯到我和她爸爸，自己信誓旦旦地在那儿分析，甚至想买本关于星座的书。后来我戏谑地问她："你不觉得那些含糊不清、模棱两可的描述其实适合所有人吗？世界这么大有那么多人，仅仅就这么几个星座就概括了所有的性格？"

人很容易受到外界的暗示，当你面临一个非常模糊的人格描述时，会不由自主地代入进去，这是典型的"巴纳姆效应"。后来我推荐小朋友看了一本书《墨菲定律》（张文成著）。

这是一本揭示人类种种潜在心理效应的心理学通俗读物，全书十三章，共介绍了七十五个定律、效应或法则，比如沉锚效应、瓦伦达效应、墨菲定律、洛克定律、相悦法则、鳄鱼法则等，"墨菲定律”是其中的一个代表性的定律，用作了全书的书名。每个定律、效应或法则都从命名的缘由讲起，穿插小故事和应用的小案例，正、反两方面的例子都有，比较辩证，最后有一个总结性的概括和启示。

全书文字通俗，对小学高年级的孩子没有阅读压力，但是一口气读下来也容易让人感觉像在观看幻灯片，一张张精彩的幻灯片刷刷刷地倏忽而过，让人觉得有点儿道理又印象不深。

这本书中每个章节的内容有一定的相关性，但是每个定律之间没有严密的逻辑联系，基本上就是并列关系，所以可以打破顺序，随意从自己感兴趣的那个点读起，然后再由此及彼。整本书可精读可泛读，如果对其中的某一个定律感兴趣，可以仔细看一看，然后做一个简单笔记或者结合生活实际写一下阅读感受，不感兴趣的部分可直接跳过。

我家的小朋友就属于这种跳跃性阅读，她对自己感兴趣的部分仔细看了看，其他就是浏览翻阅了一下，没有消耗太多的时间。她比较感兴趣的是“踢猫定律”，这个定律来源于一则寓言故事：骑士被领主训斥，回家后对管家大发脾气，管家心里窝火把妻子骂了一顿。妻子受了委屈，打了儿子一个耳光。儿子心情糟糕，把身边的猫踢了个跟斗。这是个典型的坏情绪传染的例子——人的不满和糟糕情绪，会随着社会关系链条依次传递，由地位高的传向地位低的，由强者传向弱者。最终，无处发泄的最弱小者便成了牺牲品。小朋友感叹那只被踢的小猫太可怜了。

相对于小朋友囫囵吞枣地阅读，我看得还比较仔细。书的可读性强，看得也比较快，每天看一个多小时的话，两三天就读完了。我比较受启发的是“德西效应”里面讲的那个小故事。一群孩子在老人家门前嬉闹玩耍，老人难以忍受。后来老人开始给孩子们发钱鼓励他们来玩耍，每天的钱数在减少，到最后一天不再给孩子们钱，孩子们生气了，不再来嬉闹了，问题就这样解决了。孩子们嬉闹本来是出于内心玩耍的愉悦，后来转换成了为了外在的报酬，当报酬停止后，就没有继续玩儿下去的动机了。

德西效应的例子也体现在很多家庭的儿童阅读中。孩子阅读书籍很多时候是出于个人的兴趣，正是这种内在的需求和身心愉悦感促使孩子不断地阅读。家长用力过猛的物质奖励反而让孩子丧失了“自驱力”，由原来单纯地为了取悦自己转换成了为了物质奖励，兴趣就逐渐地消失了。这种情况也反映在儿童教育的很多方面，是家长尤其应该注意的。

这本书很多地方还是很有趣的，尤其是一些典型的例子。高年级的小朋友课业繁重，看得仓促，后来我就以闲暇聊天的方式渗透这本书。没想到提问加讨论的方式，让我们聊得热火朝天。“欧洲历史上很长一段时间内把一些作家的作品列为禁书，你觉得这些书会不会就消失了？”小朋友歪着小脑袋犹犹豫豫地说：“应该会消失吧！”我很得意地看着小朋友落入了我埋下的陷阱，然后大声回答：“错！那些书非但没有销声匿迹，反而名声大噪，越来越受追捧。这是典型禁果效应，越‘禁’越‘诱惑’。”

当然，你别觉得小孩子会乖乖地接受你的教育，反制马上就来。双十一购物狂欢节时看着各个平台热热闹闹地打折促销活动，我也忍不住要买买买，购物车里加入了一堆东西，当我在那儿频频地刷手机时，小朋友冷冷地说：“妈妈，你可不要掉入消费陷阱，你可是读过《墨菲定律》的人。”好吧，这个处于叛逆期的小孩儿总是能直言不讳地点明你的弱项和缺点，然后让你像泄了气的皮球一样败下阵来。

以“墨菲定律”命名的书籍有好几本，还有青少版，翻了翻目录，基本差不多，都是从原理出发结合生活中的经典案例介绍那些常见的定律、法则或效应，其中关于墨菲定律都是把它作为一个定律来介绍的，只占全书的一个章节，那么真正的墨菲定律就是这么简单吗？带着疑问又找到一本英国人理查德·罗宾逊的汉译本著作，仔细看了看，这本书是从脑科学、心理学、社会学、传播学等不同角度来揭示“墨菲定律”，和其他书相比角度比较新，有一定的启发意义。

阅读《墨菲定律》这样的书，对小孩子来说是一种思维的锻炼，有助于心智的成熟，对于更好地理解人性、理解社会、理解生活都是有益的。阅读本身只是获取信息的过程，把书本中的内容真正地运用到生活中，还需要深度的思考和时间的历练。但是读过这样的书，会让人的眼界更加开阔、思维更加辩证，不被裹挟和蒙蔽、不轻信和盲从。就像著名的指挥家小泽征尔在世界级的比赛中面对权威评委的一致意见依然能斩钉截铁地说出那个“不”字一样，面对纷繁复杂的世界，我们也应该有自己独立的思考和判断。

五、献给游移不定的少年

——“十四岁懂社会”系列丛书

作为家长，如果你和一个十几岁的孩子聊人生、谈理想，他们会不屑一顾，因为那些煞有介事的大道理他们会觉得空洞乏味。如果是一位解剖过五千具遗体的耄耋老人要坦诚地说说自己的经历时，不仅仅是小孩子，每个人都会正襟危坐，仔细聆听。

没有说教和训诫，没有美化和夸张，开诚布公地谈论自身的生活和经历，那些花费心力走过的人生带给我们的是最真诚的忠告和最切实的建议。这就是读库“十四岁懂社会”这套书的魅力。

“十四岁懂社会”是新星出版社出版的一套小书，全套十八册（还在继续出新），从读书、友情、天赋、工作的幸福、活着的意义、心理职业的特点、人与世界的关系、人与动物等多个角度谈论了不同的人生话题。整套书开本小巧，盈手可握；字书不多，每本六万字左右；装帧素朴，舒适极简；文风平实，不事雕琢。

这套书是引进版图书。著者均为日本国内相关行业的专业人士，既有从事医疗事业的法医、外科医生，也有专业学者，如生物学家、佛教思想家、哲学家，还有文艺工作者，如小说家、评论家、摄影师、绘本画家、搞笑艺人、声优等。专业领域不同，每个人看待世界的方式也不同。佛教思想家说“人生没有目的，也没有意义”“一个人存在于世本身就是价值”，他给年轻人的建议是“自然随性的生活”“不忙忙碌碌、焦躁不安、贪得无厌地努力，而是悠闲、舒畅、愉快地生活”（《不努力好像也没关系》）；哲学家说“我们活着，本身就是一种暴力”“暴力是与我们十分亲密又十分危险的生存前提”（《虽然人人都说暴力不好》）；剧作家说“找到安装在内心深处、将不起眼之事转化为有趣之事的装置，是让生活充满乐趣的良方”（《不要成为无聊的大人》）。不同的人从不同的角度阐释了对生活、生命的认知和理解，给读者展示了多元的价值观和丰富的世界观。

成长过程中每个人都会有一些具体而微的迷惘和烦恼。这套书正是洞察到了这些人生困惑，贴心地给出了安慰和建议。《你为什么没有朋友》《你没那么笨》《歧视也没什么错》《你也是个传播者》，从这些书名就能看出作者关注的话题。深入读过之后更是觉得，这样的书对于扩大认知范围、突破认知局限有很大的帮助。比如《不要忽视你的心理世界》，介绍了九种常见的心理疾病，这些疾病我们多多少少听闻过，像社恐、分裂、抑郁等，但是很多细节普通人还是缺乏常识性的了解，这本书对于心理疾病知识的普及很有帮助。作者提出的观点，如“各种各样的人同时存在才最有趣”“精神医学更贴近人的多样性的学问”让人很受启发。

每个人的人生都不同，有的人很快就能确定自己的梦想并付之努力，而有的人则要经历反复地寻找、探索、试错才能找到属于自己的路。这套书展现给读者的也是各种各样的人生际遇。《给想成为医生的你》的作者须磨久善在 14 岁时就确定了自己要当医生的人生方向，36 岁时就完成了万人瞩目的世界首例手术，在 40 岁之前就把医学前沿往前推进了一步。《动物园的生死告白》的作者阿部弘士则走过了十分曲折的人生之路。他从小就喜欢画画，但是因为学业不精，在动物园当过二十五年的饲养员，其间他画的动物园蓝图令动物园重获生机，最后他辞去动物园的工作，专注于绘本创作。虽然人生之路各不相同，但每个人背后的努力、坚持、执着是一样的。

这套书中，最让我们震撼的是《那些尸体告诉我的事》，这也是小朋友最先挑出翻阅的一本书，有点儿吓人的书名激起了她阅读的欲望。看完这本书后能感觉出她内心的翻涌，原来还有这样的人生。我紧随其后也仔细阅读了这本书，同样被深深地震撼。这本书的作者极其特殊，他是一位解剖过五千具遗体的法医学者，是一位数十年如一日面对死亡的人，而且大部分的死亡都是横死（因为事故、自然灾害、火灾、中毒、溺水、他杀）或死因不明，这些非正常死亡对人的精神和心理都是极大的挑战，而作者对生命的敬畏、对死者的尊重不仅推动了这个职业的发展，还帮助了许多的人。

受这套书的启发和指引，我们还看了两部电影。《雨人》——一部展示孤独症患者生活状态的影片，看完后对书中谈到的“人的多样性”有了更直观和深刻的认识。《入殓师》是一部节奏舒缓又真挚感人的电影，当低沉的大提琴声和入殓师触摸生死的人生默契衔接时，除了泪流满面的感动，还让人更深刻地理解了《不要成为无聊的大人》这本书书名的含义。

十八本小书，十八种不同的人生。这套书把世界的广阔和人生的多样性呈现给了读者，从对自我的认知，到对他人的关心，再到对社会与国家的认识，以及对科技与未来畅想林林总总都有，从近到远，从小到大，多角度、多观点地呈现一个人应该拥有的视野。游移不定的少年，你想过怎样的一生呢？读一读这套书，你会有所启发、有所触动，你会更加深刻地理解人生、理解梦想，懂得坚持的力量。

数智时代儿童阅读何去何从

时代的洪流奔涌向前。随着数字技术和人工智能的崛起，我们已踏入数智化的新纪元。数智时代重塑着人们的阅读、思维和生活方式。屏幕设备，如平板电脑、手机、电脑、阅读器等的普及，以及电子书、有声书、在线阅读等多元化阅读方式的泛化，已经势不可挡地改变了儿童阅读的传统生态体系。在波澜壮阔的数智化大潮中，我们需要认真审视儿童阅读所面临的机遇和挑战，需要深入探讨儿童阅读应该何去何从。

1. 推广儿童阅读的初心是什么？

阅读对儿童的心智成长、智力开发具有重要意义，这是毋庸置疑的。推广儿童阅读正是为了让阅读的种子在儿童心里一步步扎根，并把儿童逐步培养成终身阅读者，从而通过阅读构筑幸福人生。

在以纸书为主的阅读时代，我们主张的是“开卷有益”，而在数智时代“一屏万卷”的情况下，海量信息正在以无孔不入的姿态充斥我们周围。我们需要做得更多的是筛选和甄别，才不至于被裹挟和左右。数智时代多元的阅读形式也是层出不穷，手机在线阅读、数码音频式听书、立体互动式阅读、沉浸体验式阅读、游戏交互式阅读等，动画、电影、声音等多种媒介的综合运用让人眼花缭乱，简简单单、安安静静的阅读被赋予了更多形式的内容。此时，我们是不是应该反思，这些过于多元、夸张的形式是不是会对本来就心性不定的孩子造成更多的干扰。阅读本身是很单纯的一件事，拿起书，读进去，仅此而已。从这个意义上来说，我个人主张摒弃各种纷扰，引导儿童多读纸质书。

当然，我们不可能完全脱离这个时代。我们要确保儿童在阅读过程中不沉迷于电子设备，要做好传统阅读与数字化阅读的平衡。

2. 家庭阅读的意义在哪里？

我们提倡亲子共读式的家庭阅读，提倡的是借助书籍这个纽带实现孩子和大人的情感陪伴和共同成长。两个人共读一本书，共做一件事，会有很多亲密的话题，也会加深彼此的情感。我们不能简单粗暴地把孩子扔给手机、扔给电视、扔给一个智能 APP，孩子成长过程中的情感陪伴至关重要。为什么越来越多的孩子会出现心理问题，很多时候是缺少情感的陪伴和正确的引导。数智时代的到来使人与人之间的亲密沟通越来越少，我们更习惯抱着手机聊天，对着屏幕交流。孩子遇到困难时，检索到的信息和冰冷的数据并不能真正地解决问题，他们需要的是私人化的理解、沟通甚至只是一个简单的拥抱。在父母和孩子渐行渐远的宿命里，经由书籍达到心灵的沟通和共鸣，实现共同的成长和进步，是一件多赢的事情，不仅

能让孩子养成良好的阅读习惯，还能唤起家庭的温暖和亲情，更能潜移默化地营造健康向上的生活方式。

3. 儿童阅读推广到底要推广什么?

数智化时代，技术的发展让信息的获取更加便捷，阅读的门槛正在变平，知识、思想的广泛交流得以变成可能。无论阅读形态和场景如何变化，优质内容仍是儿童阅读推广的核心，发现和推广带有时代温度的优秀作品是阅读推广义不容辞的责任。在阅读理念上，面对电子阅读呈现的快捷化、泛读化、浅显化、碎片化倾向，我们更要倡导慢阅读和深阅读，尤其是对处于成长期的儿童，更应该静下心来多读完整的书，多读经典的书，多深入思考。这些，无论怎么提倡都不为过。

写在最后的感谢

晨光熹微，对面楼房的灯光在一盏盏地点亮，又一个清晨来临。全家搬到这个离孩子上学最近的小区已经六年了，这六年里已经不记得有多少个早起的日子，读书、写作，然后是程式化地叫孩子起床、给孩子做早餐、送孩子上学。日子倏忽而过，那个每天都叫不醒的小孩儿现在已经长成大姑娘了，个头比我还高、鞋子尺码比我的还大。

“燕子去了有再来的时候；杨柳枯了有再青的时候；桃花谢了，有再开的时候。但是，聪明的，你告诉我，我们的日子为什么一去不复返呢？……”晨读时间，孩子朗声读着朱自清的《匆匆》。伴随着这样的读书声，突然感慨万千，在逃去如飞的日子里，在千门万户的世界里的我们，这些年都做了些

什么呢？

从孩子咿咿呀呀学说话开始，到现在即将小学毕业，这是我们亲子共读的十年，也是我们共同成长的十年。我们将幼儿阶段亲子阅读的经历和感受，汇集出版了一本书《为爱阅读》；当前，即将付梓出版的这本书是关于小学阶段亲子共读的，仍然是很朴实的名字，叫作《与书为伴：来自家庭的儿童阅读札记》。

十年，经由共读这件事，父母和孩子之间有了很多共同语言和亲密话题，家庭也有了很多值得回忆的欢乐瞬间。不仅如此，我慢慢发现很多时候并不是家长在引导和教育孩子，而是孩子在启发和成就我们。

对小孩子而言，每一本书都是一扇门，当他们小心翼翼地推开时，广阔的世界扑面而来。就我个人而言，读书使我心性平和，使我这个每天火急火燎朝着下一个日子奔去的人，渐渐地安静和笃定。我无数次地告诫自己不要做大吼大叫的妈妈，不要做急功近利的妈妈，不要做用力过猛的妈妈，而所有这些都是书籍带给我的底气。

这本书是纪念，纪念那段和孩子一起花费心力走过的人生；是感恩，感恩每一本好书带给我们的温暖和鼓励；是礼物，献给那个即将告别小学时代的小小少年。

关于这本书的出版，我要感谢喜欢画画的女儿，她不厌其烦地为本书绘画了许多插图，带给我很多惊喜；感谢河北大学出版社从社长到总编，从责编到美编的辛苦付出；特别感谢河北大学共同富裕中心对本书的资助，全民阅读是全体人民追求精神上共同富裕的必由之途，真诚希望这本书能为走在时代征途中的家庭点亮起全民阅读的微光。

天色已然大亮，路口塞满了急匆匆送娃上学的大军，人声、车声喧嚣鼎沸。微光照亮微光，这烟火人间是如此平凡而温暖。